Freiheit: Stationen einer Idee

Henrique Schneider

Freiheit: Stationen einer Idee

Henrique Schneider
Appenzell, Schweiz

ISBN 978-3-658-51603-1   ISBN 978-3-658-51604-8   (eBook)
https://doi.org/10.1007/978-3-658-51604-8

Die Deutsche Nationalbibliothek verzeichnet diese Publikation in der Deutschen Nationalbibliografie; detaillierte bibliografische Daten sind im Internet über https://portal.dnb.de abrufbar.

Springer ist ein Imprint der eingetragenen Gesellschaft Springer Fachmedien Wiesbaden GmbH und ist ein Teil von Springer Nature.
Die Anschrift der Gesellschaft ist: Abraham-Lincoln-Str. 46, 65189 Wiesbaden, Germany

Inhaltsverzeichnis

Einleitung

„Die Weltgeschichte ist das Weltgericht." Von Friedrich Schiller (1759–1805) erwartet man große Worte. Dieser Satz wird dem Dichterfürsten gerecht: Ästhetisch ist er wegen seiner einfachheit beeindruckend. Doch auch seine Bedeutungsschwere ist kaum zu übertreffen. Im Gedicht *Resignation*, aus dem der Satz entnommen ist, spricht Schiller das Verhältnis zwischen Gott und Menschen an. Diesem Band liegt nichts ferner.

Hier geht es um den Menschen und seine Freiheit. Zurückblickend: Wer kämpfte für Freiheit? Wie kämpfte man für die Emanzipation des Individuums? Welche Momente, Prozesse oder Strömungen in der Geschichte haben den Menschen mehr Freiheit gebracht?

Dabei ist gar nicht gesagt, dass die Geschichte nach Freiheit strebt. Es ist vermutlich auch so, dass die menschliche Historie gar kein Streben kennt und kein Ziel hat. Aber einige Menschen und Gruppen haben Ziele. Eines der Ziele ist die Emanzipation. Das ist wieder ein großes Wort. Aber es bedeutet nichts anderes als sein Leben selbst zu bestimmen.

Emanzipation ist eine Befreiung von der Unterwürfigkeit oder auch von einem kollektiven Zwang hin zur eigenen, individuellen Zielsetzung über das eigene Leben. Diese Emanzipation, oder Selbstbestimmung,

© Der/die Autor(en), exklusiv lizenziert an Springer Fachmedien Wiesbaden GmbH, ein Teil von Springer Nature 2026
H. Schneider, *Freiheit: Stationen einer Idee*,
https://doi.org/10.1007/978-3-658-51604-8_1

gibt den Menschen mehr Freiheit. Sie bringt auch mehr Verantwortung. Denn wer frei ist, ist frei seine Freiheit zu gebrauchen und die Konsequenzen daraus zu tragen. Der informierte Blick in die Geschichte kann zeigen, wie freie Menschen ihre Freiheit einsetzen, um noch freier zu werden.

„Die Weltgeschichte ist das Weltgericht." Der Satz Schillers kann unabhängig von seinem Autor auch anders interpretiert werden. Historische Fakten können gedeutet werden. Je nach Deutung kann man über sie ein Urteil fällen. Historischer Fakt ist, wie das Wort es eben sagt, Fakt. Die Deutung des Fakts und das Urteil, das man sich über Fakt und Deutung bildet, sind dann schon viel subjektiver. Die Interpretation der Geschichte ist Sache des Individuums.

In diesem Band geht es um die Interpretation historischer Fakten im Lichte der Freiheit. Verschiedene Episoden der menschlichen Geschichte werden durch die Brille der Freiheit erzählt. Sie werden also so gelesen, dass sie die Frage beantworten, wo man emanzipatorische Elemente sieht. Dabei wird eine Vielzahl von Momenten und Strömungen über eine sehr lange Dauer betrachtet. Ob der Komponist Beethoven oder der Philosoph Konfuzius, ob das ökumenische, polnisch-angeführte Heer, das den Deutschen Orden schlug, oder ob die Lebensweise der Kachin in Myanmar/Burma als Beispiele für die Emanzipation der Menschen gelesen werden können – das ist der Gegenstand dieses Bandes.

In der menschlichen Geschichte hat die Freiheit kein absolutes Maß. Sie ist eher als relative Größe zu verstehen. Sie gilt im Vergleich zu den Gepflogenheiten und Möglichkeiten, einige würden hier von „Strukturen" sprechen, einer bestimmten Zeit und Gesellschaft oder Gemeinschaft. Umso mehr Bedeutung kommt dem Verständnis des Emanzipatorischen als Kraft oder Vektor.

Zum Beispiel: Die Frage ist also nicht, ob die Menschen nach der Abschaffung der Leibeigenschaft frei waren. Sondern: In welchem Zustand hatten die Menschen mehr Freiheit, vor oder nach der Abschaffung der Leibeigenschaft? Das Ereignis ihrer Abschaffung führte zu einem Zustand mit mehr Freiheit relativ zum Zustand vor ihrer Abschaffung. Die Abschaffung war ein emanzipatorischer Schritt in der Geschichte.

„Die Weltgeschichte ist das Weltgericht." Dieses Band möchte es dem Leser ermöglichen, durch die Brille der Freiheit auf verschiedene

Zusammenhänge in der Geschichte zu blicken und ein Urteil zu fällen. Inwiefern wird jeweils die Freiheit befeuert, oder wie kommt jeweils das Emanzipatorische zur Geltung?

Dabei ist die hier getroffene Auswahl von Episoden eklektisch. Sie ist weder abschließend noch repräsentativ. Sie ist einfach eine Auswahl. Dabei soll diese Auswahl informieren, interessieren und auch unterhalten. Für Leser, die besonders interessiert sind oder die wissenschaftliche Seite der hier behandelten Episoden bearbeiten wollen, ist jeweils am Ende der Episode eine wissenschaftliche Quelle angegeben. Drei längere Essays – am Ende des Bandes – werden im üblichen Rahmen bibliografiert.

Diese Auswahl ist Europa-lastig. Der Grund dafür ist der Autor, der als Europäer in Europa schreibt und in der europäischen Geschichte eine erhöhte Kompetenz hat. Diese Auswahl ist kein Werturteil; sie ist eine notwendige Verkürzung eines kurzen Bandes eines nicht allwissenden Autors. Das Emanzipatorische entsteht auch in anderen Geographien und Kulturen. Die Episoden sind dabei lose chronologisch geordnet. Sie müssen aber in keiner bestimmten Reihenfolge gelesen werden.

In diesem Band kommt Zuversicht zum Ausdruck. Zuversicht, dass Menschen für Freiheit eintreten, dass die Idee der Freiheit Mut, Solidarität und Engagement anstiftet, und dass Freiheit etwas ist, was immer aktuell bleibt. In diesem Band kommt Zuversicht zum Ausdruck: Die Emanzipation des Menschen kann immer und überall erfolgen.

Konfuzianismus: Tradition und Verantwortung

Keine liberale Philosophie, aber eine, die freiheitlichen Ressourcen mobilisieren kann

Bei Liberalen steht Konfuzius nicht hoch im Kurs. Er wird als Rechtfertiger von absoluten Monarchien und als emsiger Staatsdiener wahrgenommen. Doch nichts lag dem Philosophen ferner als das. Ja, Meister Kong – so die bessere Übersetzung seines Namens – war kein Verfechter individueller Rechte. Ebenso wenig war er ein Eiferer des Staates. Im Gegenteil, dieser war ihm stets suspekt.

Konfuzius lebte vermutlich von 551 bis 479 vor Christus. Damals befand sich China in einem Zustand der inneren Machtkämpfe. Politisch bröckelte das Reich – sofern es überhaupt eins gegeben hat. Migration und Krieg machten Leute ärmer. Die Sitten verfielen, und die Kultur ging unter. Konfuzius – wie so ziemlich jeder andere Philosoph zu jener Zeit – stellte sich die Frage: Wie kann man Ordnung herstellen?

„Ordnung" scheint heute ein autoritärer Begriff. Spätere Konfuzianer ersetzten ihn deshalb durch das Konzept der „Harmonie". Entscheidend ist: Konfuzius wollte politische Ruhe, die Garantie elementarer Rechte und die Möglichkeit der Entfaltung der Menschen. Den Zustand des andauernden Machtkampfes zwischen den Herrschwilligen lehnte er ab.

© Der/die Autor(en), exklusiv lizenziert an Springer Fachmedien Wiesbaden GmbH, ein Teil von Springer Nature 2026
H. Schneider, *Freiheit: Stationen einer Idee*,
https://doi.org/10.1007/978-3-658-51604-8_2

Ethik in Rollen und Riten

Auf der Suche nach Ordnungsmustern blickte er in die Geschichte zurück – das, was seiner Meinung nach Geschichte war, was aus heutiger Sicht aber eher nach Rekonstruktion aussieht. Er wollte aus der Vergangenheit Erkenntnisse gewinnen. Bei der ersten Reichsbildung Chinas wurde er fündig. Kong dachte sodann: Wenn alle Menschen so werden wie damals, wird alles wieder gut. Dabei standen vier Werte im Vordergrund.

Menschen nehmen Rollen in der Gemeinschaft ein. Um diese Rollen wahrzunehmen, müssen sie verantwortlich sein und handeln. Dafür brauchen Menschen Charakterstärke oder Tugend. Um die Tugenden einzuüben, braucht es Riten. Und damit das Ganze auch funktioniert, insbesondere für die Lenkung einer Gemeinschaft, braucht es Bildung – viel Bildung.

Die Rolle des Staates

Zwar ist die konfuzianische Ethik im Kollektiven gegründet. Das Individuum hat nur einen Platz, wenn es sich mit dem Kollektiven arrangiert. Aber andererseits ist diese Ethik alles andere als staats- oder reichstragend. Die Rolle des Monarchen beispielsweise ist keine Position absoluter Macht, sondern eine, die Verantwortung verlangt und von den Tugenden und Riten sehr wohl begrenzt wird. Konfuzius akzeptiert auch, dass einzelne Menschen die kollektive Ordnung hinterfragen, vorausgesetzt, sie halten die vier Werte hoch.

Freilich wurde der Konfuzianismus schnell von staatlichen Strukturen übernommen. Das imperiale Beamtensystem, die Gleichsetzung von Reichslogik und kollektiven Bedürfnissen sowie die Unterordnung der Menschen unter den Kaiser wurden konfuzianisch gerechtfertigt. Doch im Konfuzianismus wurden auch staatsskeptische und freiheitliche Ressourcen mobilisiert.

Freiheitliche Ressourcen

Einer der wichtigsten Konfuzianer, Mencius (circa 370–290 vor Christus), betont in seinen Schriften die Notwendigkeit eines Vertrauensverhältnisses zwischen Monarchen und Volk. Er geht so weit, zu behaupten, dass es unter bestimmten Bedingungen gerechtfertigt sei, den Monarchen zu ermorden. Xunzi (circa 298–220 vor Christus), ein anderer wichtiger Konfuzianer, lehnte seinerseits Aberglauben allgemein ab, insbesondere die spirituelle Überhöhung des Herrschers.

Zhu Xi (1130–1200) wagte dann den Sprung zum Individuellen. Er verortete sowohl die Erkenntnisfähigkeit als auch die Verantwortung im Individuum. Damit machte er klar, dass der Einzelne ohne Staat und sogar ohne Gesellschaft leben kann. Was man auch nicht vergessen sollte: Die Konfuzianer waren bittere Gegner der Kommunisten, als Mao nach der Macht griff.

Zwischen Politik und Philosophie

Der Konfuzianismus ist nicht geradezu freiheitlich. Aber er hat viele Ressourcen generiert, mit denen im spezifisch chinesischen Kontext Freiheit mobilisiert werden konnte. Heute sieht die Sache eher anders aus. Die chinesische Führung weiß, dass der Kommunismus nicht mehr als Kitt funktioniert. Sie scheint ihn durch Nationalismus zu ersetzen. Dieser Nationalismus wird konfuzianisch gekleidet, und viele Konfuzianer in China machen bereitwillig mit.

Der Konfuzianismus ist eine Philosophie, die das Politische beeinflussen will. Trotz aller freiheitlichen Ressourcen wird der Konfuzianismus oft politisch. Und wenn er politisch wird, dann kollektivistisch und staatstragend. Schade, denn viele seiner Stränge zeigen in die umgekehrte Richtung: in jene der Verantwortung.

Literatur

Paul, Gregor. Konfuzius und Konfuzianismus. WBG, 2010.
Schneider, Henrique. The Early Confucian Philosophy of Agency: Virtuous Conduct. Lexington Books, 2024.

Das alte Athen: Deme, Demos, Demokratie
Freiheitsrechte hatte kaum jemand

Gleichheit der wehrfähigen, grundbesitzenden Männer. Absolute Eigentumsrechte. Rechtlose Frauen. Sklavenhaltung. Unfreie Wirtschaft. Das klassische Athen durch die Brille der Freiheit zu charakterisieren, ist schwer. Eine Bilanz kann helfen.

Kaum ein anderes historisches Staatsgebilde wird so ideologisch überhöht wie das alte Athen. Als Wiege der Demokratie angepriesen, als Ursprung der Philosophie bewundert, als Hort der Wissenschaft bejubelt … Das alte Athen war nichts dergleichen. Die praktische Wissenschaft war eher in Sparta, die theoretische in der heutigen Türkei zu Hause. Sokrates und Platon waren Außenseiter und verstanden sich als solche. Aristoteles wurde erst wichtig, als sich Athen in eine imperiale Macht verwandelte.

Und die Demokratie? Das organische Ordnen der Bevölkerung, auf die es ankommt, war eine Übung in Gleichheit. Aber mit Willensbildung hatte sie nichts zu tun. *Kratein*, ordnen, geht nämlich von einer vorbestimmten natürlichen Ordnung aus. Diese ist vom *Logos*, etwa der (nicht hegelianisch verstandenen) Weltvernunft, vorgegeben. Ordnen ist weder spontan noch vom Willen der Bevölkerung abhängig. Ordnen ist das Herstellen des Vorbestimmten.

H. Schneider, *Freiheit: Stationen einer Idee*,
https://doi.org/10.1007/978-3-658-51604-8_3

Die Bevölkerung, auf die es ankam, war wiederum der *Demos*. Er bestand ausschließlich aus den Angehörigen der alteingesessenen Abstammungsgemeinschaften, der Demen. Als Perikles die Zahl der Demos-Mitglieder erheblich einschränken wollte, tat er dies im Namen der Demokratie. Nur jene, die bis in die dritte Generation athenisches Blut nachweisen konnten, sollten als Bürger gelten. Diversität und Weltoffenheit waren nämlich in der Auslegung Athens das Kennzeichen einer *archein*, einer übergriffigen und imperialen Macht, nicht einer Demokratie.

Kann man nun aus der Brille der Freiheit eine Bilanz über Athen und seine Demokratie ziehen? Ein Versuch.

Die eine Seite

Auf der einen Seite spricht viel für Athen als eine freiheitliche Organisation. Grundsätzlich galt für die Bürger die sogenannte Autonomie. Diese beinhaltete ein Zweifaches: Erstens sollten in Athen keine Gesetze von außerhalb gelten. Nicht einmal ein Völkerrecht sollte Athen binden. Denn nur das eigene Recht gab das wieder, was die Götter und der *Logos* von Athen wollten. Zweitens waren alle Bürger vor dem Gesetz gleich, und ihre Rechte galten absolut. Diese Gleichheit aller Bürger hatte wiederum zwei Konsequenzen.

Die erste war, dass kein Bürger Steuer bezahlen sollte. Steuern bezahlten nur Ausländer. Bürger wiederum spendeten oder leisteten eine Sonderabgabe für den Krieg oder für den Kult. Ein Staat darf sicher nicht eine Person oder eine Gruppe ermächtigen, von Bürgern Steuern einzuziehen – so die athenische Überzeugung. Das zweite war aber auch, dass der Staat ohnehin keine Verwaltung haben sollte. Bürger waren aufgerufen, möglichst nahe an der Regierungstätigkeit zu sein. Deshalb waren auch alle verpflichtet, Ämter anzunehmen. Über die Zuteilung der Ämter bestimmte das Los.

Losentscheide waren überhaupt ganz normal. Denn das Losziehen entdeckt den Willen der Götter oder die vom *Logos* vorbestimmte Ordnung. Und Losentscheide verunmöglichten die Bildung von Expertenwissen in der Staatsführung. Für die Athener war eine Klasse von Staatslenkern nicht nur undemokratisch, sie war philosophisch unmöglich. Denn zum Regieren ist jeder Bürger aufgefordert. Diese Denkweise erklärt die Ablehnung von Platons Philosophenkönigen und Aristoteles' Regierung der Tugendhaften durch die Athener.

Ganz generell: Regieren hieß für die Athener nicht Gesetze erlassen, sondern Richten. Die Demokratie fand in der Judikative ihren Höhepunkt. Bürger sollten von ihresgleichen gerichtet werden. Gesetze erlassen war hingegen eher eine langweilige Sache. Denn die Gesetze waren ja vom *Logos* vorgegeben. Ein neues zu machen, was nur selten vorkam, war nichts anderes, als die vorbestimmte Ordnung zu verbriefen. Und der *Logos* ließ sowieso keine großen Meinungsunterschiede über das, was sein sollte, zu.

Die andere Seite

Die letzten Zeilen sollten aber stutzig machen. Denn durch die Brille der Freiheit ist es gefährlich, wenn ein politischer Körper keine Meinungsunterschiede zulässt. Und so war es in Athen. Bürger, die zu oft und zu lange eine andere Meinung hatten, wurden ausgeschlossen – oder zum Tode verurteilt. Auch jene Bürger, die vielleicht kein Interesse am Politischen hatten, wurden an die Kandare genommen – wörtlich.

So absolut das Recht des Bürgers auf seinen Hof und Haushalt war – in diesem seinem *Oikos* war der Bürger Alleinherrscher und Selbstversorger, *idios*: Ein Bürger musste als solcher ebenso unbedingt an der Umsetzung der Ordnung in der Polis teilnehmen. Und dort galt das Prinzip des Kollektiven, *demosios*. Eine Trennung zwischen dem Privaten und dem Öffentlichen gab es nicht. Es sind die Römer, die diese erfanden.

Das kollektive Prinzip war stark und übte Druck aus. Weil sich nur wenige trauten, sich ihm entgegenzustellen, kam es oft zu Kriegserklärungen. Die Bürger wollten in den Krieg ziehen; Widerspruch gab es unter ihnen keinen. Das Ganze wurde noch schlimmer, als die Bürger ein neues Gesetz des *Logos* entdeckten und sich für die Partizipation am politischen Geschehen bezahlen ließen. Diese Sitzungspauschalen machten den Staat noch kriegslüsterner, denn er musste die Mittel einholen, um die Bürger für das Politische zu bezahlen.

Die üblichen Kritikpunkte an der athenischen Demokratie sollen auch nicht verschwiegen werden. Nur wenige Personen konnten überhaupt Bürger sein. Die große Mehrheit waren Sklaven – Achtung: Für einige Sklaven galt die Wirtschaftsfreiheit, die Bürger nie hatten. Frauen hatten keine Chance und gehörten zum *oikos* des Bürgers; sie waren also Besitz. Und die Ausländer mussten das Staatsbudget unterhalten. Im Übrigen: Man konnte in Athen geboren und trotzdem Ausländer sein. Denn Bürgerrecht war ausschließlich über die Zugehörigkeit zur Deme möglich.

Saldo

Man muss fair bleiben: In der Antike ist kaum ein System bekannt, in dem Menschen unbedingte Eigentumsrechte hatten. Ebenso ist die Gleichheit der Bürger eine wichtige Errungenschaft. Athen war hier ein Unikum. Aber Freiheitsrechte hatte in Athen kaum jemand, um nicht gerade zu sagen, niemand. Der ordnende und vorausbestimmende *Logos* machte jegliche Form der Willensbildung obsolet und gefährlich. Das Kollektivprinzip überschattete zuletzt die Errungenschaften des Bürgertums. Es trieb den Staat in den Krieg, machte die meisten zu Tributzahlern und ruinierte letztlich die Bürger selbst.

Der Wissenschaft und Philosophie blieb nichts übrig, als Opposition zu machen. Und selbst die Demokratie fiel dem Kollektiven zum Opfer.

Literatur

Schmidt-Hofner, Sebastian. Das klassische Griechenland. Der Krieg und die Freiheit. CH Beck, 2016.
Dreßler, Jan. Wortverdreher, Sonderlinge, Gottlose: Kritik an Philosophie und Rhetorik im klassischen Athen. Walter de Gruyter, 2014.

Mit List zur Freiheit
Die „36 Strategeme" in China

Chinesische Kultur und individuelle Freiheit werden oft als Widersprüche dargestellt. So einfach ist das nicht. Die allgemeine Weisheit der vermutlich aus dem 5. Jahrhundert stammenden „36 Strategeme" strotzt vor freiheitlichem Gedankengut.

„Strategem" oder „List"; beides ist bedeutungsverwandt. Im chinesischen Allgemeinwissen sind Strategeme oder Listen heute noch weit verbreitet. So können etwa die meisten Chinesinnen und Chinesen die traditionellen 36 Strategeme benennen, erkennen und anwenden. Strategeme können nämlich nicht nur in Krieg und Politik zur Geltung kommen. In China weiß man es: Sie sprechen insbesondere die Individuen in allen Lebenslagen an.

Natürlich gibt es eine ganze Reihe von Auseinandersetzungen mit den moralischen Qualitäten der Strategeme. Doch selbst Konfuzius und Laotse, bekennende Gegner des Individualismus, setzten Listen ein, um ihre Ziele zu erreichen. Es sollte auch nicht verwundern, wenn das heutige China Strategeme etwa in der Außenpolitik einsetzt und gleichzeitig versucht, der eigenen Bevölkerung das Wissen um die List auszutreiben.

Der Grund: Die Strategeme sind eine Hilfestellung für das Individuum. Sehr oft sind sie bewusste Mittel, um die individuelle Freiheit

© Der/die Autor(en), exklusiv lizenziert an Springer Fachmedien Wiesbaden GmbH, ein Teil von Springer Nature 2026
H. Schneider, *Freiheit: Stationen einer Idee*,
https://doi.org/10.1007/978-3-658-51604-8_4

gegen das Kollektive zu behaupten. Nicht selten spornen Strategeme zur Gehorsamsverweigerung an. Die Kommunistische Partei befürchtet zu Recht, Strategeme könnten als Mittel des Ungehorsams eingesetzt werden.

Auf Individuen ausgerichtet

Schon eine erste Übersicht zeigt, wie viele Strategeme eindeutig das Individuum und seine Lebenslagen in den Vordergrund stellen. Strategem 3 sagt: „Mit dem Messer eines anderen töten." Strategem 5 rät: „Eine Feuersbrunst für einen Raub ausnutzen." Strategem 10 meint: „Hinter dem Lächeln den Dolch verbergen."

Hier sollen Situationen und gesellschaftliche Austauschbeziehungen ausgenutzt werden. Die moralische Qualität der Handlung mag fragwürdig sein, doch der Adressat ist nicht irgendein Kollektiv, sondern die einzeln handelnde Person. Gäbe es diese Kategorie im chinesischen Denken nicht, wären diese Strategeme überflüssig. Doch gerade das Gegenteil trifft zu. Es gibt diese Listen, weil das Individuum sehr wohl alleine handeln kann.

Einige Strategeme gehen noch weiter. Sie rufen ausdrücklich zur Kritik oder gar zur Täuschung der Obrigkeit auf.

Strategem 26: „Die Akazie scheltend auf den Maulbeerbaum zeigen." Das ist eine Metapher. Im ursprünglichen Kontext dieses Strategems symbolisiert die Akazie die Hofbeamten, und der Maulbeerbaum steht für den Kaiser. Hier wird also aufgefordert, den Kaiser zu kritisieren. Doch dies soll auf indirektem Weg geschehen.

Das Ziel des Strategems liegt darin, eine direkte Konfrontation zu vermeiden, eine Warnung zu geben oder andere unangenehme Wahrheiten zu verbreiten. Stattdessen soll zu Humor, Analogien oder Anspielungen gegriffen werden, um Kritik zu üben.

Im Gefolge dieses Strategems haben sich diverse literarische Gattungen darauf spezialisiert, den Kaiser und heute die Kommunistische Partei zu parodieren. Gerade deshalb haben Kaiser und Kommunistische Partei Satirestücke, -sendungen und -zeitungen verboten.

Strategem 1: „Den Kaiser täuschen und das Meer überqueren." Hier werden Individuen aufgefordert, den Kaiser zu täuschen. Mit falschen

Anzeichen versteckt man seine wahren Absichten hinter ganz normalen Aktivitäten, bis der zu Täuschende sie nicht mehr wahrnimmt. Unter dem Deckmantel täglicher und normal erscheinender Aktivitäten wird die Aufmerksamkeit des Kaisers – er steht hier auch ganz allgemein für den Gegner – sinken.

Im historischen Kontext des Strategems konnte die List auch eingesetzt werden, um den Kaiser zu seinem eigenen Glück zu zwingen. Doch selbst wenn das der Fall wäre, ist indirekt zugegeben, dass einige Individuen doch klüger sind als der Kaiser mitsamt seinem Hofapparat.

Ganz generell zeigen die Strategeme, dass mindestens die allgemeine Volksweisheit den Individuen viel zutraut. Die Strategeme gehen davon aus, dass Individuen handelnde Subjekte sind. Doch nicht nur das: Sie haben eine gewisse Freiheit im Handeln und Denken und sollen diese auch einsetzen können. Und wenn das Kollektiv oder die Repression doch zu stark ist, wenn nichts anderes nützt, dann entzieht sich das Individuum seiner Umwelt. Ganz gemäß dem Strategem 27: „Verrücktheit mimen, ohne das Gleichgewicht zu verlieren.“

Literatur

von Senger, Harro. Die Klaviatur der 36 Strategeme: in Gegensätzen denken lernen. Carl Hanser Verlag, 2019.
Seitz, Emanuel. List und Form. Klostermann, 2020.

Pharisäer: frei von Strukturen
Verunglimpft und stur, aber trotzdem frei

Jesus kritisierte die Pharisäer scharf. Dabei war er vermutlich selber einer. Was er anprangerte: Viele Pharisäer lebten nicht das, was sie predigten. Denn ihre war eine Freiheitspredigt.

Die Geschichte der innerjüdischen Differenzierung ist keine eichfache. Sowohl in biblischer Zeit als auch heute entstanden und entstehen Gruppen und Schulen. Das hat einerseits mit theologischen Fragen zu tun. Andererseits geht es auch immer um eine Lebenspraxis. Und nicht selten gibt es auch politische Taktik.

Das biblische Judentum, d. h. die Geschichte jener Personen, welche in der Schrift von den berichteten Erschaffungen der Welt bis kurz nach dem Tod Jesu dargestellt werden, hat im Tempel von Jerusalem seinen Mittelpunkt. Das Königtum entstand um den Tempel; der Klerus im Tempel. Die Befreiungskriege waren für den Tempel und die gemeinsame Erinnerung war der Tempel. Der Tempel gab dem Judentum, der in der Bibel dominant ist, seine Struktur.

© Der/die Autor(en), exklusiv lizenziert an Springer Fachmedien Wiesbaden GmbH, ein Teil von Springer Nature 2026
H. Schneider, *Freiheit: Stationen einer Idee*,
https://doi.org/10.1007/978-3-658-51604-8_5

Antiklerikal

Gerade dies lehnten die Pharisäer ab. Diese Gruppe entstand nach den Makkabäerkriegen um das Jahr 152 vor Christus. Jener Aufstand brach den Tempel wieder in jüdische Hand. Doch er führte auch zu einer Erbpriesterschaft und zur Erbmonarchie. Pharisäer waren der Monarchie im Allgemeinen skeptisch eingestellt. Aber eine Erbpriesterschaft und die Verbindung von Priestern und Königen lehnten sie definitiv ab.

Überhaupt waren Pharisäer der Meinung, der Tempel sei für die Religion nicht notwendig. Die Schrift und deren Auslegung seien mehr als ausreichend. Deswegen setzten sie auf Lehrer – Rabbiner – und auf den breiten Diskurs theologischer Themen. Schließlich dachten Pharisäer, alle Menschen (Männer) hätten das Zeug, sich theologisch zu betätigen. Sie weigerten sich, die Religion zum Monopol der Priester zu machen.

Pro-Freiheit

Das priesterliche Monopol wollten sie auch deshalb nicht, weil es eine Herrschaft einer Elite über das Volk begründet. Pharisäer wollten aber die Selbstregierung durch das Volk und misstrauten der Elite – konkret: den priesterlich-königlichen Sadduzäern. Sie lehnten ihre Strukturen ab, ob Macht- oder Denkstrukturen. Zunächst kritisierten Pharisäer diese Elite für ihre Hellenisierung. Natürlich ging es um das Bewahren des Israel-Propriums. Aber die Pharisäer erkannten auch: Das griechische *Logos* ist mit dem freien Willen des Menschen nicht vereinbar.

Freier Wille wurde zum zentralen Glaubens- und Handlungssatz der Pharisäer. Nur wer frei handelt, ist verantwortlich. Und schließlich ist Verantwortung das ganze Leben. Das *Logos*, andererseits, geht von einer objektiven und vor-determinierten Vernunft aus, der sich alle zu unterordnen haben. Unterordnung war für die Pharisäer ein Problem – ethisch und politisch. Ihnen war die Freiheit aller Menschen viel wichtiger.

Anti-Rom

Dann wurde die Kollaboration der Sadduzäer mit den Römern den Pharisäern zum Dorn im Auge. Sie erkannten es: Den Eliten ging es nur um den Erhalt der eigenen Machtstrukturen. Aber auch andere Richtungen wurden von den Pharisäern kritisiert. Die Essener, zum Beispiel, mit ihrem Glauben an die Prädestination und ihre passive Akzeptanz jeglicher Form von Herrschaft, lehnten die Pharisäer auch ab. Denn für die Schriftgelehrten, die an den freien Willen festhielt, war es ein Gebot der Zeit, sich gegen Rom zu stellen.

Und überhaupt: Ziemlich jeder biblisch-bewegte Revoluzzer stammte aus den Reihen den Pharisäer. Ob Jesus oder Bar Kochba, beide waren Rabbiner, beide waren anti-Tempel und beide trieben Menschen an. Beide waren auch von der eigenen Gruppe enttäuscht. Beide Messiasse dachten, die Pharisäer seien auf der richtigen Spur, strukturlos und plural den Glauben im Alltag zu leben. Aber Jesus und Bar Kochba beide sahen, dass diePharisäer ihre eigene Lehre ad absurdum führen würden, wenn sie nichts anderes täten als leeren Schriftbuchstabe ohne Überzeugung auszuführen. Dann wären sie genauso in vor-bestimmten Strukturen gefangen.

Pro-Zukunft

Jesus und Bar Kochba kritisierten also, dass die Pharisäer vom eigenen Weg abgekommen sind. Und der Weg war gut. Auf dessen Grundlage entwarfen beide Zukunftsprojekte für die Gesellschaft. Jesus wollte eine gemeinschaftliche Lebenspraxis, welche an die Richterzeit angelehnt war. Bar Kochba wollte eine Befreiung von den Römern und – je nach Quelle – von jeglicher Form staatlicher Herrschaft.

Die Pharisäer selbst wollten dies auch. Und als der Tempel 70 nach Christus von den Römern definitiv zerstört wurde, konnten sie ihr Judentum weiterleben. Sie brauchten schließlich weder Tempel noch Priester noch König. Sie benötigten nur die Schrift und die Lehre – und lehren konnte jeder. Weil sie nie an Gruppenschicksal glaubten, ging jeder seinen eigenen Weg. Schließlich war jeder frei und für sich verantwortlich. Das Judentum verteilte sich weltweit. Ob pharisäische Tugenden je wieder erstarken?

Literatur

Berger, Klaus. „Jesus als Pharisäer und frühe Christen als Pharisäer." Novum Testamentum (1988): 231–262.
Heschel, Susannah, und Deborah Forger. „Die Pharisäer in der neueren Forschung." Die Pharisäer – Geschichte und Bedeutung. Herder, 2024.

Jesus von Nazareth als Freiheitskämpfer
Für das Volk – gegen Rom

Petrus verleugnete Jesus. Recht hatte er. Nach der Gefangennahme Jesu mussten Zweifel aufkommen. Denn: Welcher Messias, welcher Gotteskrieger – Israel –, lässt sich schon von den Feinden einkerkern?

Die Bibel versteht man vor allem vor dem Hintergrund des Glaubens. Das ist auch ihre Funktion. Sie ist Glaubenszeugnis und Grundlage der Theologie. Aber es gibt auch eine historisch-kritische, soziologische Weise, sie zu lesen. In dieser Lesart wird die Bibel als historische Quelle zu Jesus und zu seiner Bewegung verstanden.

In einer solchen Lektüre muss die Bibel als Quelle auch in Verbindung mit ihrem historischen Kontext und mit den anderen Zeugnissen über die Zeit und Jesus – zum Beispiel mit den Schriften des Flavius Josephus – gebracht werden. Diese Lesart führt zu einem ungewohnten Jesus-Bild: Der Messias war ein Freiheitskämpfer.

© Der/die Autor(en), exklusiv lizenziert an Springer Fachmedien Wiesbaden GmbH, ein Teil von Springer Nature 2026
H. Schneider, *Freiheit: Stationen einer Idee*,
https://doi.org/10.1007/978-3-658-51604-8_6

Römischer Kolonialismus

Historisch gesehen: Im alttestamentarischen jüdischen Glauben ist der Messias ein Feldherr, der eine Allianz mit Gott eingeht und die Juden von fremden Mächten befreit. Der Prophet Jeremias etwa weint ob der kolonialen Situation in babylonischer Gefangenschaft. Er wünscht sich einen, der die Gegner kaputtschlägt.

Eine noch ausgeprägtere koloniale Situation bestand zur Zeit Jesu. Rom war die imperiale Macht, die das Land besetzte. Wie so oft in solchen Situationen wählen Menschen verschiedene Strategien, damit umzugehen. Es gibt Kollaborateure; es gibt solche, die sich zurückziehen; die große Mehrheit erduldet die Situation, und einige kämpfen dagegen an.

Viele Messiasse

Zur Wirkungszeit Jesu gab es deshalb viele Messiasse, Freiheitskämpfer, die die Befreiung von Rom durchsetzen wollten. Joseph ben Matthias, der spätere Flavius Josephus und Fürsprecher Roms, war beispielsweise so einer. Die Bibel selbst nennt Simon bar Kochba. Es gab sogar ganze Familien von Messiassen, die Generation für Generation den Kampf weiterführten. Im Jahr 68 kam es zu einem so großen Aufstand, dass Rom sechs Legionen nach Jerusalem schicken musste. Zum Vergleich: Während angespannten Lagen weilte nur eine Legion in der Stadt.

Für Rom waren alle diese Befreiungskämpfer nichts anderes als Räuber, griechisch *Lestai*. Dieses Wort haben auch die Autoren der neutestamentarischen Schriften übernommen. Das führte zu Missverständnissen bei Übersetzungen. Im Übrigen: Die Schriften des Neuen Testaments sind etwa 30 Jahre nach Jesu Wirkungszeit entstanden.

Jesus

Jesus selber schien zunächst der Bewegung um Johannes den Täufer anzugehören. Doch auch dieser hat sich als falschen Messias – als Feldherr, der verliert – entpuppt, als er von den Römern getötet wurde. Jesus scharte dann eigene Anhänger um sich und begann, zu wirken. Dass die primäre Wirkungsstätte die Wüste und die Peripherie war, darf nicht erstaunen. Dort gab es weniger Römer und Kollaborateure. Dort gab es mehr Leute, die unter Rom litten. Damit war dort der Rekrutierungspool für Jünger, das heißt Soldaten, grösser.

Zunehmend bediente sich Jesus der messianischen Wirkungsweisen und Symbole. Er predigte, er wirkte (Wunder) auf die Leute ein, und als er endlich seine Bewegung stark genug glaubte, zog er nach Jerusalem. Als Messias zog er in seinen Tempel ein – deshalb auf einem Esel (siehe Zacharias) – und sorgte dort für Ordnung.

Kampfansage

Taktisch klug ließ er sich in Jerusalem von der Zeit – Pessach – und von der Menschenmenge beschützen. Sein Kalkül: Rom und die Kollaborateure wollen nicht die Lunte eines Pulverfasses anzünden, und ohnehin nicht dann, wenn am meisten Pulver im Fass ist, zum jüdischen Feiertag also. Die Kampfansage Jesu war klar. Seine Botschaft, dem Kaiser zu geben, was ihm zusteht, und dem Herrn, was seines ist, ist nicht trivial. Sie bedeutet gerade, dass die jüdischen Lande seinem Bündnispartner, dem Herrn, gehören – und somit ihm.

Auch seinen Jüngern befahl Jesus: Wer kein Schwert hat, verkaufe seinen Mantel und kaufe eines. Überhaupt: Selbst im Glaubenszeugnis des Neuen Testaments sind viele Gewaltaufforderungen Jesu enthalten: Matthäus 10,34; Lukas 12,51; Lukas 22,36; Johannes 2,15. Wenn Jesus sagt: „Mein Reich ist nicht von dieser Welt", dann ist das eine Kampfansage. Sein Reich ist Jerusalem in einer Welt ohne Rom. Im Übrigen: Papst Johannes Paul II. hat ähnlich gesprochen, um in Polen gegen den Kommunismus anzustacheln.

Tod und Auferstehung

Als Jesus gefangengenommen wurde, verleugneten ihn seine Jünger. Kein Wunder. Seine Verwundbarkeit zeigte, dass seine Allianz mit Jahwe doch nicht stand. Er war also nicht der Messias. Wie viele andere Messiasse vor ihm war er gescheitert und hatte sich damit als falscher Feldherr gezeigt. Deswegen ließ Pontius Pilatus den fragilen Jesus der Menge zeigen. Die Menge verstand es sofort: Das kann kein Messias sein. Pilatus hat ihn entzaubert. So wie andere *Lestai* auch, wurde Jesus gekreuzigt.

Dann kommen die Glaubenszeugnisse. Der wohl sehr früh entstandene Glaube über die Auferstehung Jesu kann genauso vor diesem messianischen Hintergrund gelesen werden. Jesus soll eine derart enge Allianz mit Jahwe eingegangen sein, dass er den Tod selbst besiegen konnte. Wer den Tod besiegen kann, besiegt auch Rom. Dieser Kampfaspekt bleibt in einigen Schriften des Neuen Testaments erhalten. Nicht umsonst schildert die Offenbarung des Johannes, die „Apokalypse", den großen und finalen Kampf.

Grenzen historischer Kritik

Diese historisch-kritische, soziologische Lesart der Bibel als eine Quelle in einem Netzwerk anderer zeigt: Jesus kämpft für die Freiheit seines Volkes. Diese Lesart vermag jedoch einige biblische Botschaften nicht zu erklären.

Die Wunder sind beispielsweise nicht notwendige Kennzeichen eines Messias. Die Messiasse und Propheten im Alten Testament bewirken nicht so viele Wunder wie Jesus. Egal, wie man zum Wunder an sich steht: Schon ihre Menge deutet an, dass sie im Jesus-Narrativ wichtig sind. Ebenso kann diese Lesart nur schwer Jesu Friedensworte und seine Reden über das Jenseits erklären.

Trotzdem zeigt diese Lesart auf, dass der Kampf ein wichtiger Aspekt des Handelns Jesu war. Er kämpfte gegen Rom und Kollaborateure. Er und seine Bewegung kämpften für Freiheit.

Literatur

Homolka, Walter, and Magnus Striet. „Christologie auf dem Prüfstand." Jesus der Jude – Christus der Erlöser. Herder, 2019.
Stegemann, Wolfgang. Jesus und seine Zeit. Kohlhammer, 2009.

Als sie sich zum Eid genossen

Die Ursprünge der Schweiz als Fanal für die Freiheit in Europa

Noch heute nennt sich die Schweiz eine Eidgenossenschaft. Wobei die Geschichte des Gebildes mehr Mythos ist als Wirklichkeit. Und gerade deshalb wirkt sie wie ein Fanal für die Freiheit in Europa.

Niemand weiß genau, warum sich im 13. Jahrhundert die Waldstätte verbündeten. Man vermutet, die Urner, Schwyzer und Unterwalder wollten der Machtgeilheit der Habsburger Paroli bieten. Diese waren nicht nur expansionistisch, sondern standen vor den Tälern und Bergen der Waldstätte. Jenseits des Vierwaldstättersees, bei Luzern, schlugen die Habsburger ihre Lager auf.

Selbstbestimmung

Die Bauern der Waldstätte fürchteten um ihre Freiheit. Sie wollten selbst über das Gemeinwesen bestimmen. Sie wollten keine neuen Steuern bezahlen – den Zehnten für die Kirche und die Abgaben an den Kaiser, dem sie unmittelbar unterstanden, entrichteten sie regelmäßig. Und vor allem: Sie wollten von ihresgleichen gerichtet werden, nicht von Vögten und Reichsbaronen.

© Der/die Autor(en), exklusiv lizenziert an Springer Fachmedien Wiesbaden GmbH, ein Teil von Springer Nature 2026
H. Schneider, *Freiheit: Stationen einer Idee*,
https://doi.org/10.1007/978-3-658-51604-8_7

Alle diese Freiheiten drohten unter den Habsburgern verlorenzugehen. Dies erkannten auch andere Orte, und schon kamen etwa Luzern, Zürich, Glarus, Zug und Bern dazu. Von Anfang an prägte die Diversität den Bergler-Bund. Zusätzliche Beitritte machten die Sache noch heterogener: Bauernstaaten existierten neben Städten mit Zunftverfassungen, neben Orten unter Patrizierherrschaft, neben Landsgemeinden oder auch neben Stammesföderationen. Ja, sogar Monarchien und Theokratien fanden in der Eidgenossenschaft einen Platz.

Ihr gemeinsamer Nenner: Freiheit und Selbstbestimmung – wenn auch eingeschränkt auf die tonangebenden Leute. Doch mindestens außerhalb der Städte machte sich eine Überzeugung breit, die selbst Arme und Randständige teilten. Der Adel habe seine Pflichten gegenüber den Bauern und Handwerkern vernachlässigt und verletzt. Deshalb darf er keine Führungsrolle mehr haben. Herrschaft kann nur noch mittels öffentlicher Beratung unter Gleichen erfolgen. Jeder Haushalt ist Herr über sich selbst.

Innere Spannung

Diese Umkehr der Ständeordnung war nicht in allen Orten der Eidgenossenschaft gleich beliebt. Es gab auch solche, die sich gerne mit größeren Mächten verbündet hätten. Und wiederum andere wollten nach dem Westfälischen Frieden 1648 – der Auflösung des Deutschen Reiches – einem neuem Supra-Verbund beitreten. Sowohl das Geflecht von unabhängigen Orten und Stätten, Gemeinen Herrschaften, Zugewandten, Verbündeten und Protektoraten als auch die Konfessionsdifferenzierung sorgten für große Spannungen. Kriege zwischen Eidgenossen waren normal.

Doch mit dem Stanser Verkommnis von 1481 schaffte der Bund zwei Grundlagen für die interne Konfliktbeilegung. Ob es der Nationalheilige Niklaus von Flüe – was historisch als ausgeschlossen gilt – oder ein anderer war, der sagte: „Macht den Zaun nicht zu weit": Die Losung entspricht dem Geist der Lösung. Sie meinte zweierlei: Neutralität und Beratungen zwischen den Eidgenossen auf Augenhöhe.

Das Stanser Verkommnis sah eine Reihe von Instrumenten zur Konkretisierung beider Grundlagen vor: Neutralität in den Konflikten derer außerhalb der Eidgenossenschaft; keinen militärischen Beistand für Nicht-Eidgenossen; wenn es schon zu Konflikten zwischen Eidgenossen kommt, dann ohne Beistand von Nicht-Eidgenossen; und die Schaffung der Tagsatzung, eines regelmäßigen Zusammenkommens der Kantone, um die Sachen der Eidgenossenschaft zu erörtern. Die Tagsatzung durfte dabei keine Vorschriften für die inneren Angelegenheiten der Eidgenossen machen.

Lose und eng

Grundlegende Dokumente gibt es viele. Aber eine Verfassung gab es keine. Die erste Urkunde aus dem Jahr 1291 – später „Bundesbrief" genannt – besiegelt den Bund zwischen Uri, Schwyz und Unterwalden. Als Klammer um die Funktionsweise und das Selbstverständnis des Bundes fungierten die von allen Mitgliedern unterzeichneten Verträge wie der Pfaffenbrief (1370), der Sempacherbrief (1393) und das Stanser Verkommnis (1481). Die gemeinsamen Verträge wurden bis 1526 regelmäßig von allen Orten in einer Zeremonie beschworen. Der interne Ausgleich der Spannungen wurde mit dem Ersten Landfrieden im Jahr 1529 erreicht und zweimal erneuert, zuletzt im Jahr 1712.

Die Eidgenossenschaft war also ein loses Konstrukt. Und doch waren ihre Mitglieder eng miteinander verbunden. Als Orte, in denen die Ständeordnung und der Adel wenig bis nichts galten, stand der Bund umgeben von Großmächten. Als Gebilde geprägt von öffentlichen Erörterungen und Ausgleichen zwischen den Mitgliedern bestand die Eidgenossenschaft zwischen zunehmend zentralistischen und absolutistischen Systemen. Als eine Landschaft, in der das Eigentum und die Freiheit der einzelnen (eher: der Haushalte) garantiert wurde, waren die Bergler ihrer Zeit voraus.

Diese gemeinsamen Merkmale entwickelten sich zu einem Freiheitsideal. Mit der faktischen Annexion der Schweiz an das napoleonische Frankreich im Jahr 1798 endete die Eidgenossenschaft. Aber das Freiheitsideal bestand fort. Dank ihm gelang es dem Freisinn, sich in den

1830ern Jahren durchzusetzen und die moderne, liberale Schweiz zu gründen. Begründet war sie gemäß den Losungen der Eidgenossenschaft: Neutralität, Volksbestimmung und Freiheit.

Literatur

Maissen, Thomas. Geschichte der Schweiz. Hier und Jetzt, Verlag für Kultur und Geschichte, 2015.
Würgler, Andreas. „Which Switzerland? Contrasting Conceptions of the Early Modern Swiss Confederation in European Minds and Maps." Political Space in Pre-industrial Europe. Routledge, 2016. 197–214.

Tiefe Steuern – einst und jetzt
600 Jahre vor Laffer plädierte Ibn Chaldūn für niedrige Steuern

Im Jahr 1974 traf sich der Ökonom Arthur Laffer mit Dick Cheney und Donald Rumsfeld. Beide Politiker wollten Steuern senken. Zu jener Zeit betrug der höchste Grenzsteuersatz in den USA 70 %. Cheney und Rumsfeld wollten nicht nur Steuern senken, sondern wegen der fragilen Mehrheitsverhältnisse auch darlegen, dass, wenn der Steuersatz tiefer ist, der Staat mehr Geld einnimmt.

Laffer hatte die theoretische Erklärung dafür. Wenn der Steuersatz null Prozent beträgt, dann sind die Staatseinnahmen null Dollar. Wenn der Staat 100 % Steuern verlangt, dann sind seine Erträge auch null. Niemand arbeitet ja, wenn alles weggenommen wird. Also liegt der optimale, das heißt Staatseinnahmen maximierende Steuersatz irgendwo zwischen grösser als null und kleiner als 100 %.

Heute und gestern

Gemäß den Berechnungen des Trios lag jener optimale Steuersatz damals bei etwa 20 %. In der Reagan-Regierung wurde der maximale Grenzsteuersatz tatsächlich auf etwa 28 % gesenkt. Heute beträgt er wieder um

H. Schneider, *Freiheit: Stationen einer Idee*,
https://doi.org/10.1007/978-3-658-51604-8_8

die 40 %. Vieles vom US-Boom unter Reagan geht auf Laffer-Cheney-Rumsfeld zurück.

Doch Laffer war nicht der Erste, der auf diese Idee kam. Ein muslimischer Philosoph hatte sie etwa 600 Jahre zuvor schon entwickelt und zur Anwendung gebracht: Walī ad-Dīn ʿAbd ar-Rahmān ibn Muhammad Ibn Chaldūn al-Hadramī (1332–1406), kurz Ibn Chaldūn. Er postulierte nämlich, dass die mittlere Wertschöpfung einer Wirtschaft dem Grenzertrag der Kaufleute entspreche. Je mehr Kaufleute verdienen, desto besser würde es den anderen auch gehen.

Legitimität der Steuern

Als Adliger kannte Ibn Chaldūn aber auch die Bedürfnisse des islamischen Reiches. Das Gebilde musste Geld haben, insbesondere um seine ewige Ausdehnung und Kriege zu finanzieren. Genauso wie Laffer-Cheney-Rumsfeld es taten, ging auch schon Ibn Chaldūn von der Prämisse aus, der Staat sei notwendig und brauche Geld. Und genauso wie das amerikanische Trio meinte auch der muslimische Philosoph, die Mittel des Staates kämen aus den Steuern.

Er entwickelte dabei eine Grundlage, die höchst modern scheint. Erstens meinte er, Steuern sollten auf den Verursacher der Staatsleistung überwälzt werden. Im Gegenzug sollten Nicht-Verursacher nicht mit der Steuer belegt werden. Sein vielsagendes Beispiel war der Marktplatz: Händler, die die Infrastruktur beanspruchten, sollten eine Gebühr bezahlen. Wer die Infrastruktur nicht beanspruchte, bezahlte nichts.

Tiefer Steuersatz

Anders als im europäischen Christentum gab es im Islam immer schon Einkommenssteuern. Ibn Chaldūn folgerte messerscharf: Wenn man die Leistung des Staates gemäß Beanspruchung bezahlt, müsste die Kopfsteuer so gesenkt werden, dass sie die Produktivität der Kaufleute nicht beeinträchtigt.

Und dann kam er zum gleichen Gedankenexperiment wie Laffer: Was wäre, wenn alles abgegeben werden müsste; was wäre, wenn nichts abzuliefern wäre? Der optimale Steuersatz nach Ibn Chaldūn betrug umgerechnet etwa fünf Prozent des Einkommens. Um seine Zeit verblieb dieser Satz bei etwa 15 %. Im Übrigen: Ibn Chaldūn war nicht alleine. Seine Gedanken wurden zur Orthodoxie der späten Blütezeit des Islams (8. bis 13. Jahrhundert nach Christus).

Eine Abwägung

Ähnliche Gedanken zum optimalen Steuersatz finden sich auch in den Schriften des chinesischen Philosophen Guanzi und selbst in der bekannten hinduistischen Bhagavad Gita. Es gab schon immer Leute, die die Abwägung zwischen Staatsinteresse und individueller Freiheit gemacht haben. Und es gab schon immer Leute, die sahen: Selbst, wenn man die Staatsfunktion für legitim hält, bedeutet das nicht, dass die Steuersätze hoch sein müssen.

Ganz im Gegenteil. Sehr oft zeigt die Abwägung, dass ein tiefer Steuersatz viel nützlicher ist als ein hoher. Das ist kein Grund zum Staunen: Der Allgemeinheit geht es nur dann gut, wenn es den Individuen gutgeht.

Literatur

Cheney, Richard B., und Liz Cheney. In my time: A personal and political memoir. Simon and Schuster, 2011.
Laffer, Arthur. The Laffer Curve, Past, Present and Future. The Heritage Foundation, 2007

Aragon und Katalonien
Freiheit und Erfolg

Wo in Europa Christen – auch Ketzer –, Juden und Muslime zusammen in Frieden lebten – da denkt man sofort an die polnische Adelsrepublik vom 16. bis zum 18. Jahrhundert. Doch eine ähnliche Konstellation gab es schon früher. Nämlich im Königreich Aragon und der Grafschaft Barcelona vom 12. bis zum 15. Jahrhundert. Das machte Aragon erfolgreich – aber heute möchte sich niemand mehr daran erinnern.

Der Blick auf die iberische Halbtinsel von heute lässt ihre Geschichte nicht erkennen. Das einzige historische Gebilde, das noch überlebt, ist Andorra. Das im Jahr 1278 gegründete Fürstentum ist der älteste Staat Europas. Er ist auch der einzige weltweit, in dem Katalanisch die Amtssprache ist. Ebenfalls einzigartig: Die Staatsoberhäupter Andorras sind gleichzeitig der französische Staatspräsident und der Bischof von Urgell (einem Sitz in Katalonien/Spanien). Aber sie haben keine Befugnisse, geschweige denn Macht. Andorra ist eine bekennende Steueroase. Es ist auch deswegen das erfolgreichste Land weit und breit.

Die anderen Gebilde Iberiens sind eher neueren Datums. Portugal verdankt seine Existenz den Verwesern, welche die Schwäche der Mauren und Kastiliens im 14. bis 16. Jahrhundert geschickt auszunutzen wussten. Spanien selbst entstand erst im 16. Jahrhundert aus der Fusion der

© Der/die Autor(en), exklusiv lizenziert an Springer Fachmedien Wiesbaden GmbH, ein Teil von Springer Nature 2026
H. Schneider, *Freiheit: Stationen einer Idee*,
https://doi.org/10.1007/978-3-658-51604-8_9

Königreiche Kastilien und Aragon. Wobei Kastilien ein relativ kleines Reich war, das seine Zeit damit verbrachte, den Süden Iberiens für sich zu gewinnen. Dieser Prozess nannte sich „Reconquista" und endete mit dem Vertreiben der muslimischen Herrscher – der Mauren – von der Halbinsel.

Von Andorra bis Athen

Als die Briganten Kastiliens noch ihre Macht zu etablieren suchten, war Aragon schon längst ein Weltreich, das heißt, es hatte Besitzungen überall im Mittelmeer. Der König von Aragon führte eine sehr diverse und dezentrale Verwaltungseinheit an; man kann sogar von einer Föderation sprechen. Aragon bestand unter anderem aus dem Königreich Aragon, der Grafschaft Barcelona, dem Königreich Valencia, dem Königreich der Balearen, dem Königreich von Neapel, der Grafschaft Malta, dem Herzogtum Neopatras und dem Herzogtum Athen (1319–1390). Der König von Aragon war auch Titularfürst von Andorra – ohne Befugnisse, geschweige denn Macht – und zeitweilig sogar Titularkönig von Jerusalem.

Im 15. Jahrhundert gab es nicht viele Mächte in Europa, die grösser waren. Schon gar nicht die Kastilianer in ihrem Kampf über dürre Landstücke. Und auch nicht der König von Frankreich, der kaum ein Schiff sein Eigen nennen konnte. Die portugiesischen Verweser wussten nicht so recht, was sie waren. Ganz anders Aragon: Es spielte eine wichtige Rolle für oder gegen italienische Stadtrepubliken sowie bei der Papstwahl.

Von Bräuchen und Rechten

Was aber Aragon immer akzeptieren musste: Lokale Bräuche gingen vor königlichem Recht. Der Aufbau des Reichs im 12. und 13. Jahrhundert war kompliziert genug. Der König musste es hinnehmen, dass seine Gesetze und Steuern erst dann akzeptiert und bezahlt wurden, wenn er den Bedingungen der Adligen nachgab. Die Krone war stets Bittsteller vor den Adligen und immer finanziell von ihnen abhängig. Und weil sich die Adligen regional verstanden, gab es eben nicht ein gemeinsames Reichskollegium, sondern pro Region ein eigenes. Interessanterweise war eben dies ein Erfolgsfaktor Aragons.

Sowohl in Aragon als auch in Barcelona taten sich jährlich General-stände zusammen. Diese Stände – die *Corts* – bestanden aus drei soge-nannten Armen, dem militärischen (aus Adligen), dem geistlichen und dem königlichen. In diesem letzten waren die Anführer der Bürger der Städte. Die *Corts* berieten ihre eigenen Gesetze, und erst nachdem diese gemacht waren, sprachen sie dem König Geld zu. Das führte zu einer Stärkung der Regionen und sogar zu einer frühen Stärkung des Bürgert-ums. Das wiederum führte zu einer Freiheit im Handeln und Denken, die es in Europa nur selten gab. Das Modell der *Corts* wurde auf alle Re-gionen des Reichs ausgedehnt.

Von Wirtschaft und Freiheit

Diese relative Freiheit der einzelnen und die relative Schwächung der Krone führten zu einer Stärkung des Reiches mit anderen Mitteln. Frei-lich gab es Kriege. Doch es gab viel mehr Wirtschaftsbeziehungen als Kriege. Das Mittelmeer-umspannende Netz Aragons wurde primär durch Freihandel – ja: für viele Güter galten Null-Zölle – und Finanzplätze ver-bunden. In den meisten Städten gewährte man sowohl den Juden als auch den Muslimen freies Geleit, freie Betätigung und sogar freie Religionsausübung.

Die Krone konnte keine großen Universitäten oder einen Hofstaat unterhalten. Dafür hatte sie kein Geld. Und sie war tatsächlich mit dem Krieg beschäftigt. Aber gerade deswegen konnten sich Kunst und Wis-senschaft in den verschiedenen Gemeinschaften etablieren. Schließlich hatten diese ja Geld und Muße (das heißt, sie wurden nicht in den Krieg einberufen). Kunst und Wissenschaft in Aragon waren bürgerliche An-gelegenheiten. Der Erfolg Aragons kam aus der relativen Freiheit der Re-gionen und Bürger.

Von gestern und heute

Alles hat seine Zeit. Und so hatte Aragon auch seine. Die Kastilianer obsiegten in der dynastischen Taktiererei und konnten sich Aragon einverleiben. Es dauerte bis ins 18. Jahrhundert, bis Spanien die letzten Institutionen der Regionalautonomie abschaffte. Spanien verlor aber auch bis auf die Balearen sämtliche Mittelmeerländer der Krone Aragons. Seitdem ist die Erinnerung an jenes Großreich verblasst.

Heute wird in Katalonien – gerade mit den Forderungen nach eigener Unabhängigkeit – die gemeinsame Geschichte unterdrückt. Katalanen sind zwar stolz auf die *Corts Catalanes*, vergessen aber, dass sie ein aragonisches Produkt waren. Katalanen verlangen die vier rubinroten Streifen auf gelbem Hintergrund als Nationalfahne und verdrängen, dass diese die Flagge Aragons ist. Als einziger freier Erbe Aragons verbleibt noch Andorra. Erfolgreich.

Literatur

Gómez, Mario Lafuente, und Albert Reixach Sala. „Crown of Aragon: Catalonia, Aragon, Valencia and Majorca." The Routledge handbook of public taxation in medieval Europe. Routledge, 2022. 97–119.
Møller, Jørgen. „The birth of representative institutions: the case of the crown of Aragon." Social Science History 41.2 (2017): 175–200.

Die asiatische Steppe: Rauh, aber nicht rechtsfrei

Nicht nur ein Ort der Gewalt, sondern auch einer des Austauschs

Ob Mongolen, Chinesen, Slawen oder Turkvölker: Die große Landmasse zwischen Europa und dem, was heute China ist, war schon immer ein Ort der Begegnung. Die Menschengruppen, die sich dort tummelten, tauschten Güter, Geld und Gewalt aus. Doch wer sich das zentrale Asien als rechtsfreien Ram vorstellt, täuscht sich.

Lange bevor es den Begriff „Zentralasien" gab, war schon die Seidenstraße quicklebendig. Als Korridor zwischen Ost und West fungierte sie bis zum Aufkommen des Nationalstaates mit seiner Faszination für Grenzen als Begegnungsraum. Von 500 vor Christus bis etwa zum Ende des 19. Jahrhunderts war das zentrale Asien die weltweit wichtigste Drehscheibe für den kommerziellen Austausch. Die nationalstaatliche Grenzziehung brachte Isolation und leitete den Abstieg der Region in die Vergessenheit ein.

Dass die asiatische Steppe etwa 2300 Jahre lang ein Begegnungsraum war, heißt nicht, sie sei friedlich gewesen. Ganz im Gegenteil. Immer wieder versuchten Gruppen und Reiche, die Hoheit über den Raum zu gewinnen. Nicht etwa, um ihn einzusperren, sondern um vom dort stattfindenden Handel zu profitieren. Zum Beispiel führten die Mongolen oft Krieg gegen die Chinesen. Doch der Handel galt als schützenswert.

© Der/die Autor(en), exklusiv lizenziert an Springer Fachmedien Wiesbaden GmbH, ein Teil von Springer Nature 2026
H. Schneider, *Freiheit: Stationen einer Idee*,
https://doi.org/10.1007/978-3-658-51604-8_10

Händler und Karawanen in einem Krieg zwischen Khan und Kaiser anzugreifen, galt als unehrenhaft.

Wettbewerb der Rechtssysteme

Andererseits galten nicht nur die ethisch-rechtlichen Vorstellungen der Chinesen und Mongolen. Bei so vielen Gruppen von Menschen, die im zentralen Asien über 2500 Jahre tätig waren, etablierte sich ein Wettbewerb der Rechtsvorstellungen. Natürlich war das Recht nicht das, was man sich heute darunter vorstellt. Die Verschriftlichung von Rechten und Pflichten setzte sich erst spät, mit dem Islam, durch. Doch die Vorstellungen über das, was rechtens ist, standen schon immer im Austausch zueinander.

Der Kern dieses Wettbewerbs bestand aus fundamentalen Fragen: Was ist zu tun, wenn es zu Unrecht gekommen ist? Was steht im Mittelpunkt, der Geschädigte, der Schaden, die Gesellschaft oder die abstrakten Rechtsprozesse? Und: Wer richtet? Diese Fragen sollten auch das Europa der Aufklärung stark beschäftigen. Aber sie setzten in Zentralasien eben schon etwa 1500 Jahre vor der Aufklärung ein. Und blieben im Mittelpunkt eines Jahrhunderts andauernden Streits zwischen Imperien und Machträumen. Welche Antworten wurden angeboten?

Mongolen, Chinesen, Russen

Bei allen Delikten zwischen Menschen (Mord, Körperverletzung, Eigentum) stand im mongolischen Recht des Mittelalters und der frühen Neuzeit der Ausgleich des entstandenen Schadens im Vordergrund. Der Täter wurde also verurteilt, den Schaden zu ersetzen. Selbst bei Mord stand nicht die Sühne, also die Todesstrafe, sondern der Schadensersatz im Vordergrund. Gerichtet wurde grundsätzlich von gesellschaftlich Gleichgestellten.

Bei den Chinesen spielte dieser Ausgleich keine Rolle. Wichtig war vielmehr der prozessuale Charakter, also die Ahndung des Vergehens. Opfer und Schaden waren nicht entscheidend, sondern die Tatsache, dass ein eigens dafür ausgebildeter Beamter im Namen des Kaisers den richtigen Rechtssatz zur Anwendung brachte. Für viele slawische Völker wiederum, insbesondere für Russen, standen Repression und Strafe im Mittelpunkt. Sie sollten abschreckend wirken und damit die Schadensentstehung erschweren.

Usbeken, Kirgisen, Islam

Für viele Stammesgemeinschaften wie etwa Usbeken, Kirgisen oder Turkvölker war die Ehre das Wichtigste. Nicht das Materielle galt als Schaden, sondern das Immaterielle, der Ehrverlust, den der Geschädigte zu tragen hatte. Demzufolge gab es kein Gericht an sich, sondern der in seiner Ehre Verletzte musste alles unternehmen, diese seine Ehre wiederherzustellen. Dieser Automatismus galt selbst dann, wenn der Schaden dadurch grösser wurde. Schadensersatz galt nichts; Sühne war eine rechtliche und moralische Pflicht.

Der Islam brachte eine differenzierte Sichtweise mit sich. Diese Differenzierung war nicht theologisch angelegt. Sie entstand synkretistisch, das heißt, als sich der Islam ausbreitete, war er auch bereit, Konzessionen an die vorher herrschende Auffassung von Recht zu machen. Damit wurde die islamische Rechtsgelehrsamkeit östlich von Persien zu einem Schmelztiegel verschiedener Ideen.

Bei Personenschaden akzeptierte der Islam die Ersatzleistung zwischen Täter und Opfer – aber nur, wenn das Opfer auf die Sühne verzichtete. Wenn nicht, dann griff das Auge-um-Auge-Prinzip. Bei Eigentumsdelikten hatte der Geschädigte aber kein Wahlrecht. Hier konnte nur der Ersatz des Schadens geltend gemacht werden. Gerichtet wurde auf jeden Fall von einer eigens dafür ausgebildeten Person. Der Islam verband das Prozessuale, die Sühne und den Schadensersatz in eine Rechtsordnung, die mit ihrer Verschriftlichung auch diesen Namen verdiente.

Freiheit und Recht

Freilich bedeutet das alles nicht, dass die asiatische Steppe ein besonders freier Raum war. Doch die Entwicklung einer Rechtsordnung im Wettbewerb ist ein wichtiger Impuls. Dieser Impuls wurde mit der Aufklärung in Europa am stärksten. Heute dauert er noch an: Es gibt ernsthafte Forschungsprogramme über überlappende oder konkurrierende Rechtsordnungen. Das Ziel ist, die Freiheit des Einzelnen zu stärken.

Auf jeden Fall freiheitlich ist die Botschaft: Das zentrale Asien war nicht nur ein Ort der Gewalt, sondern auch einer des Austauschs. Es war im Marktaustausch, wo auch ein Markt für Recht entstand. Das ist ein wichtiger Impuls, insbesondere heute, wo das „Recht" immer mehr die freien Märkte einschränkt.

Literatur

Barisitz, Stephan. Central Asia and the Silk Road. Berlin: Springer, 2017.
Manz, Beatrice. Central Asia in Historical Perspective. Routledge, 2018.

Isländisches Godentum: Freiheit und Amt

Die Priesterbauern unterstanden keiner Regierung – bis sie geadelt wurden

Das isländische Godentum war real – doch was man heute darüber weiß, ist in vielem Fantasie. Die Sagas blicken wehmütig auf eine untergegangene Welt zurück. Die skandinavische Geschichtsschreibung lässt kein gutes Haar an den Priesterbauern. Sciencefiction und Literatur haben daraus Mythologien gebaut. Was war das Godentum überhaupt?

Die Landnahme Islands meist durch Außenseiter, Ausgestoßene und Unzufriedene aus Norwegen fand zwischen 874 und 930 nach Christus statt. Die Bevölkerung etablierte sich als sesshafte Bauern, denn schließlich war da viel Platz. Anfänglich brauchten die Etablierung und Verteidigung von Privateigentum nicht nur Gewalt, sondern auch Koordination. Diese erfolgte entlang regionaler Linien.

Zwei Entwicklungen kamen dabei zusammen. Einerseits kamen regionale Bauernverbünde auf. Andererseits brachten einige Siedler ihre religiösen Vorstellungen samt den Hausaltären mit. Hausaltäre waren eine gute Gelegenheit, Leute zu versammeln und sie so zu koordinieren. Es ist dabei naheliegend, dass der lokale Kultherr auch zum Koordinator des lokalen Bauernverbundes wurde. Daraus entwickelte sich das Godentum.

© Der/die Autor(en), exklusiv lizenziert an Springer Fachmedien Wiesbaden GmbH, ein Teil von Springer Nature 2026
H. Schneider, *Freiheit: Stationen einer Idee*,
https://doi.org/10.1007/978-3-658-51604-8_11

Ein priesterliches Amt

Das Wort „Gode" stellt schon den Bezug zum Göttlichen her. Aus den religiösen und Koordinations-Handlungen erwuchs politische Position. Die Bauern, die mit dem Kult verbunden waren, sahen den Goden immer mehr als Schlichter und Sprecher von Recht und schließlich als Häuptling an. Wenig später wurde diese Struktur formalisiert. Die Hausaltäre wurden zum lokalen Monopol und ihre Zahl – und damit auch die Anzahl der Goden-Ämter – auf 39 beschränkt. So begann die Zeit des isländischen Freistaats, die von 930 bis 1262 nach Christus dauerte.

Die Goden-Gewalt (*goðorð* – ein Wort, das es nur auf Isländisch gibt) brachte dem Inhaber Macht und nicht selten Reichtum. Nach der Christianisierung des Landes ab dem 11. Jahrhundert konnte der Gode sogar seinen Hausaltar zu einer Kirche umfunktionieren und für deren Dienstleistungen Gebühren oder den Zehnten erheben. Das Amt war zudem voller Prestige, es war nämlich das höchste Amt auf der Insel.

Ein intensives Amt

Der Gode hatte jedoch viel zu tun: Zu seinen Amtspflichten gehörten extensive Reisen zu den Bauern in seinem Bezirk, die Inspektion andockender Schiffe, die Aufsicht über Märkte und vor allem die Streitschlichtung. Das verlangte Engagement. Zudem musste der Gode noch seinen eigenen Hof unterhalten. Denn ein Gode war schließlich auch ein Bauer. Das Problem mit dem Doppelmandat: Schlechte Amtsführung konnte von jedem Bauern herausgefordert werden – auf Leben und Tod.

Dieses Problem wurde in der Praxis behoben. Das Amt wurde frei veräußerlich, vererbbar und auch teilbar. Man kann sich das etwa so vorstellen: Das Recht am Hof, auf dem der Altar (später: Kirche) stand, und das Recht am Tempel samt Amt waren getrennt. Das Goden-Amt war eine selbstständige und als reine Machtposition eine abstrakt-verkehrsfähige Sache.

Ein marktfähiges Amt

Damit konnten reich gewordene Bauern das Amt eines amtierenden Goden abkaufen. Oder man konnte das Amt in einer Fehde strittig machen. Oder es auch aufteilen, wenn sein Unterhalt einer Person alleine zu teuer war. Das sorgte einerseits für eine Durchmischung der Amtsträger. Kaum eine isländische Abstammungsgemeinschaft kann keinen Goden in der Ahnengalerie nachweisen. Die Marktfähigkeit des Amtes führte sogar zu weiblichen Goden. Aber mit der Zeit führte es auch zu einer Ämterkumulation.

Von Anfang an war das Godentum eine Oligarchie. Regional definierte Priesterbauern repräsentierten andere Bauern und übten Macht über sie aus. Mit der Konzeption des Amtes als freies und marktfähiges Gut wurde die Zahl der Goden zwar zunächst diversifiziert. Doch es eröffnete auch die Möglichkeit für einzelne, mehrere Ämter zu akkumulieren. Ende des 12. Jahrhunderts hatten etwa zehn Individuen alle 39 Goden-Ämter inne.

Kein freies Amt

Durch die Brille der Freiheit spricht vieles für das Godentum. Im „Freistaat" Island waren alle Bauern frei. Ihr Privateigentum war gesichert. Die Goden unterstanden keiner Regierung, sondern trafen sich im Thing, einer Versammlung der Gleichen. Die Bauern konnten – zumindest theoretisch – jederzeit Goden werden und hatten das Recht und teilweise die Pflicht, am Thing teilzunehmen. Steuern gab es keine, bis auf die Preise der Dienstleistungen von Goden – sowie Herberge und Gefolgschaft.

Aber das Goden-Amt forderte einen hohen Preis. Um diesen zu amortisieren, entwickelten sich die Goden zu politischen Machthabern. Die Ämterkumulation ist nur ein Indiz dafür. Ein anderes ist, dass mit der Zeit selbst das freie Bauerntum einem Abhängigkeitsverhältnis zwischen Goden und Bauern wich. Das wichtigste Indiz ist jedoch: Nicht wenige Goden freuten sich über den Einzug der norwegischen Monarchie um 1262; dadurch wurden sie nämlich geadelt…

Literatur

Jakobsson, Sverrir. „The process of state-formation in medieval Iceland." Viator 40.2 (2009): 151–170.
Karlsson, Gunnar. The History of Iceland. U of Minnesota Press, 2000.

Don Quijote: Verwirrte Freiheit
Der Landjunker ist mehr als eine lustige Karikatur

Don Quijote ist eine lustige Karikatur. Doch nicht nur. Im Buch über den Ritter der traurigen Gestalt verbergen sich viele Botschaften gegen einen absolutistischen König – und für Freiheit.

„Der sinnreiche Junker Don Quijote von der Mancha" erschien in zwei Teilen 1605 und 1615. Sein Autor Miguel de Cervantes (1547–1616) wollte eine Parodie auf damals populäre Ritterromane schreiben: Don Quijote ist kein Held. Seine Ausritte sind ausweglose Unternehmen. Sie zeugen von Realitätsverlust: Dirnen hielt er für Jungfrauen, Händler für Ritter, Windmühlen für Riesen, und so weiter. Immer wieder kehrt er verprügelt und demoralisiert nach Hause zurück. Die Botschaft des Cervantes: Wer irrsinnige Ritterromane liest, wird selber wahnsinnig.

Trotzdem sind die Geschichten reich an Details. In ihnen verstecken sich viele Botschaften, namentlich eine sehr pointierte Kritik an selbstherrlich agierenden Monarchen, an Geldentwertung und ganz generell an den sich anbahnenden Zeiten. Don Quijote kämpft für die alte Welt des Mittelalters. Er kämpft für die Freiheit – wenn auch nur für die Freiheiten des Landadels.

© Der/die Autor(en), exklusiv lizenziert an Springer Fachmedien Wiesbaden GmbH, ein Teil von Springer Nature 2026
H. Schneider, *Freiheit: Stationen einer Idee*,
https://doi.org/10.1007/978-3-658-51604-8_12

Die Zeiten ändern sich

Im 16. und 17. Jahrhundert befand sich Spanien im Wandel. Nach der *Reconquista* erstarkte der König. Dieser, noch im Mittelalter ein Moderator des ritterlichen und für die christlichen Völker kämpfenden Standes, bemächtigte sich des Staates und stilisierte sein nunmehr absolutes Amt als von Gottes Gnaden gewollt. Der Landadel verlor nach und nach an Bedeutung.

Diese Ausgangslage wurde nicht nur im *Quijote* diskutiert. Andere Dichter der Zeit, etwa Francisco de Quevedo (1580–1645) oder Luis de Góngora (1561–1627), thematisierten sie. Die Philosophen der Schule von Salamanca wollten neue Wege finden, den König zu kontrollieren. Der Jesuit Juan de Mariana (1536–1624) schrieb sogar Traktate über die christliche Pflicht zum Königsmord.

Unzufriedener Landjunker

Gegen diese sich wandelnden Zeiten kämpft Don Quijote an. Im Bewusstsein, dem Landadel anzugehören, beansprucht die Figur selbst den alten Titel des „Don". Sich als einen Vertreter des kämpfenden Standes fühlend, bestellt er seinen Gaul, einen Knappen und bastelt sich sogar eine Rüstung. Die Anfangsszenen des Romans bieten also einen Schlüssel für die Lektüre an. Don Quijote, unzufrieden mit seiner Zeit, geht zurück in die Geschichte, um von dort Ressourcen zu holen.

Nicht nur historisch, sondern auch geografisch sehnt sich der Landjunker nach anderen Zeiten und Regierungssystemen. Saragossa wird schnell zu seinem Bezugspunkt. Nicht umsonst fühlt er sich da wohl und hat nur dort beschränkten Erfolg – in Kastilien verliert er jeden Kampf, in Saragossa gewinnt er zwischendurch. Denn in Saragossa bestanden noch die *Corts d'Aragó*: Der Adel, vom niederen Landadel bis zu den höchsten höfischen Kreisen, bestimmte zusammen und in einem Spruchkörper das Budget für den König. Der Adel setzte den Steuersatz selber an. In Kastilien, wozu auch die Mancha gehörte, galt dies damals schon als anachronistisch. Dort herrschte nämlich der König absolutistisch und besteuerte – auch die Adeligen – nach eigenem Gutdünken.

Königsmörder und Echtgelder

Dieser Absolutismus passte Don Quijote ganz und gar nicht. Gemäß der Theologie des Mittelalters, aber auch des Jesuiten Juan de Mariana erlaubt dieses selbstherrliche Verhalten des kastilischen Königs den Königsmord an ihm. Auffallend oft sinniert Don Quijote über „den Dolch versteckt in meinem Mantel", mit dem er dem König begegnen will. Er sagt auch, dass es für die Ehre Schlimmeres gebe, als schuldig eines „kleinen Vergehens wider den König" zu werden.

Nicht nur die Besteuerung, sondern auch die Geldentwertung macht dem Landjunker zu schaffen. Don Quijote greift eine Kutsche an, indem er seinem Knappen befiehlt, den Karren mit echtem Geld zu stoppen. Nämlich einmal mit einer vollwertigen Goldmünze für den Kutscher und einer ebenfalls vollwertigen Goldmünze für die Belegschaft. Am Schluss der Episode stellt Don Quijote zufrieden fest, die soeben gewählte Waffe sei so stark, dass überall im Hofe über nichts anderes geredet würde. Echte Goldmünzen würden so das entwertete Geld des Königs entwaffnen.

Kampf gegen Windmühlen

Auch der Kampf gegen die Windmühlen zeugt von Don Quijotes Unzufriedenheit mit dem Zeitgenössischen. Der Don kommt aus San Juan, wo ein kirchlich-adeliges Monopol über eine – und nur eine – Wassermühle besteht. An der Grenze zu Santiago, wo es einen Wettbewerb zwischen nichtadeligen Windmühlenbetreibern gibt, investiert er gegen die Windmühlen. Sancho Panza, der Knappe, warnt noch: „Wer Windmühlen für Feinde hält, hat vermutlich Windmühlen im Kopf."

Sancho warnt richtig, doch Don Quijote geht es gar nicht um die Windmühlen an sich. In den Augen des Landjunkers sind diese nichts anderes als ein weiteres Zeichen für die Entmachtung des Landadels.

Dass es sie überhaupt gibt, wertet er als fahrlässige Aktion eines Königs und seiner Verbündeten. Statt auf jene zu bauen, die einst vereint für die Befreiung Kastiliens gekämpft haben, werden nun der handelnden Klasse Privilegien verliehen. Auf Kosten des Adels.

Don Quijote ist eine verwirrte Gestalt, eine Karikatur. Aber er ist ein Kämpfer – für Werte, die er für gut und richtig hält, inklusive seiner Freiheit. Cervantes, in seinem umfangreichen Oeuvre, wollte bewusst die sich ändernde Zeit darstellen. Insbesondere missfiel ihm das königliche Streben nach absoluter Macht. In einem Brief setzte er einst einen Schlusspunkt, sinngemäß: „Der König, der nach Macht strebt, ist nichts als eine Karikatur seiner selbst."

Literatur

Betancur, Bryan. „Alexa, was Don Quijote Mad? Enchanted Heads in Cervantes's World and in Our Own." Cervantes 42 (2022): 33–55.
Graf, Eric Clifford. Anatomy of Liberty in Don Quijote de la Mancha: Religion, Feminism, Slavery, Politics, and Economics in the First Modern Novel. Lexington Books, 2021.

Republik Ragusa – Durch Handel zur Freiheit

Der Untergang kam mit der Zentralisierung

„Für alles Gold in dieser Welt werden wir unsere Freiheit nicht verkaufen!" Das war der Wahlspruch der Republik Ragusa. Vom 14. Jahrhundert bis 1808 bestand sie. Der freie Handel und die Vertragsfreiheit haben sie groß gemacht. Ihr Untergang setzte ein, als sie beides vergaß.

Die Bevölkerungsverhältnisse auf dem Balkan waren sehr lange fluide. Migration, Nomadismus und Kriege haben dafür gesorgt. Der Zusammenbruch des Griechisch sprechenden Byzanz, der Aufstieg des Türkisch und Arabisch redenden Osmanischen Reichs und die slawische Landnahme führten zu einem sprachlichen Mix mit einheimischen Mundarten und Latein sowie zur Überlagerung von Begriffen. In diesem Transformationsklima entstand Ragusa.

Es entstand, weil die Bewohner von Dubrovnik und seiner umliegenden Dörfer eins verstanden: Die Diversität machte sie stark; freilich nur, wenn sie richtig gehandhabt würde. Mittels einer republikanischen Patrizierverfassung und vielen Vertragswerken machten sich die romanischen Bewohner der Stadt daran, ein engmaschiges Vertragswerk mit den slawischen Dörfern im Umland zu gestalten. Das Besondere dabei: Die Verträge waren nicht solche zwischen politischen Einheiten – es waren privatrechtliche Handelsverträge.

© Der/die Autor(en), exklusiv lizenziert an Springer Fachmedien Wiesbaden GmbH, ein Teil von Springer Nature 2026
H. Schneider, *Freiheit: Stationen einer Idee,*
https://doi.org/10.1007/978-3-658-51604-8_13

Handel vereint

Dabei ging es dem Dubrovniker Verbund nicht um formale Unabhängigkeit. Die Bevölkerung akzeptierte über die Zeit diverse Schirmherren, etwa Venedig, Ungarn und sogar den Sultan. Wichtig war etwas ganz anderes: Die Freiheit der einzelnen Haushalte, in der Stadt und ihrem Umland, später auch in ganz Südosteuropa, Handel zu treiben. Der verbriefte Zweck der Republik war nämlich, den freien Handel zu sichern.

Damit blieb Ragusa eine einmalige Erscheinung in Europa. Seine Marktplätze waren gebührenfrei – für eigene und fremde Händler. Die Stadt blieb ohne Zunft oder Gilde. Zölle oder andere Gebühren, zum Beispiel für andockende Schiffe, blieben unbekannt. Dafür waren die allermeisten Infrastrukturen privat und mussten entsprechend privat errichtet, verwaltet und bezahlt werden. Die Überzeugung war: Private Verantwortung und Profit eint die Leute.

Terms of Trade

Ein sehr weit verzweigter Handel mit Silber, Eisen, Wachs und anderen Rohstoffen etablierte sich schnell. Ragusa konnte mit Verträgen überall in Südosteuropa Minen und Handelsplätze an sich binden. Die Verträge sahen lediglich den Zugang vor. Preise und Mengen blieben den Marktprozessen überlassen. Dabei machten die Verträge zwei Vorgaben. Nachfrageseitig: Die Minen und Handelsplätze mussten exklusiv mit Ragusa handeln. Angebotsseitig: Kein Anbieter durfte vom Handel ausgeschlossen werden.

Das führte zu sehr „liberalen" Konstellationen. Zum Beispiel stehen heute noch die Ruinen von Novo Brdo im Kosovo. Das war ein solcher Minenstandort. Für die Dauer der Geschäftsbeziehung mit Ragusa war die Arbeitssprache auf dem „neuen Berge" Sächsisch. Und das, weil sich dort sächsische Extraktionsexperten etablierten. Die Ruinen von Kirchen, Synagogen und Moscheen sind heute noch zu begehen. Der große Populationsmix war eben ein Ergebnis der Vorgabe, kein Anbieter könne vom Handel ausgeschlossen werden.

Das Anti-Venedig

Anfänglich gehörte Ragusa zu Venedig. Als sich Stadt und Umland freiwillig der Stephanskrone unterstellten, etablierten sie sich als freie Republik. Zwar übernahmen die Ragusianer eine Verfassung nach dem Vorbild Venedigs. Doch sie machten Machtballungen bei einzelnen Patrizierfamilien schwerer. Vieles wurde durch das Losverfahren entschieden. Und die „niederen" Dorfbewohner hatten doch viel mehr Freiheit gegenüber den Patriziern.

Das Osmanische Reich baute Ragusa als Anti-Venedig auf. Freilich waren Sultan und Pforte nicht an Freiheit interessiert. Doch der Handel, der in Ragusa betrieben wurde, deklassierte den italienischen Nachbarn. Genau das war für Istanbul interessant. Das Reich integrierte alle privatrechtlichen Verträge Ragusas und garantierte sie, indem die Reichsjustiz über ihre Einhaltung wachte.

Konservativer Untergang

Doch die Republik, die im 15. und 16. Jahrhundert wohl ihre beste Zeit hatte, wurde spätestens im 17. Jahrhundert konservativ. „Konservativ" bedeutet: Die Patrizier verhielten sich mehr und mehr wie Aristokraten. Sie ließen den Staat immer mehr Aufgaben in die Hand nehmen. Was lange private Infrastruktur war, wurde zentralisiert. Und was zentralisiert wurde, wurde politisiert. Politisieren bedeutet wiederum, umzuverteilen und Produktivitätsgewinne einzubüßen. Genau das ist passiert.

Zudem rechnete Ragusa nicht mit den Veränderungen auf der geopolitischen Ebene. Der Untergang des Osmanischen Reiches wurde ebenso verpasst wie der Aufstieg des Nationalstaates und das Vorrücken Napoleons. Und als dieser 1808 einmarschierte, war es schließlich zu spät. Doch der wichtigste Fehler war: Ragusa vergaß, neue Geschäftspartner zu finden. Das ist der Tod einer auf privaten Austauschbeziehungen gebauten Wirtschaft.

Ragusa hat am Ende sowohl Gold als auch Freiheit verloren. Und dies nur, weil die Ragusianer die Freiheit für selbstverständlich hielten. Was lehrt die Geschichte? Für Freiheit muss gekämpft werden. Täglich.

Literatur

Havrylyshyn, Oleh, und Nora Srzentic. „Economy of Ragusa, 1300–1800: The Tiger of Medieval Mediterranean." Comparative Economic Studies 55 (2013): 201–231.
Havrylyshyn, Oleh, und Nora Srzentiæ. Institutions Always' Mattered': Explaining Prosperity in Mediaeval Ragusa (Dubrovnik). Springer, 2016.

Die Hanse
Freiheit durch Freihandel

Ein Verbund formal nicht souveräner Städte begann als eine Vereinigung von Kaufleuten. Im 12. Jahrhundert, als sich die Hanse entwickelte, erkannten einige Kaufleute: Nicht nur bloßer Handel, sondern Freihandel stärkt sie, macht sie reich und erhöht ihre Lebensqualität. Aber es braucht Verantwortung.

Als einzelne Kaufleute aus und in Lübeck im 12. Jahrhundert anfingen, mit Gütern aus dem Osten (Holz, Felle, Wachs) und dem Westen (Textilien, Wein) zu handeln, konnten sie sich kaum vorstellen, welche Bewegung sie auslösen würden. Zunächst war die Hanse nichts anderes als ein Schutzbündnis von Kaufleuten. Mit einem genossenschaftlichen Regelwerk verpflichteten sie sich, sich gegenseitig auf den Gotland-Fahrten zu unterstützen – Gotland war das damalige Handelszentrum der Ostsee – sowie ihre Eigentümer zu sichern. Kaufleute waren mobil, und so war die Hanse eigentlich eine große Fahrgemeinschaft.

Die Kaufleute erkannten aber, es sei ein Leichtes, die Insel Gotland zu umschiffen und direkten Handel mit den anderen Küstenstädten zu betreiben. Das wurde durch zwei weitere Entwicklungen vereinfacht. Einerseits setzte die Christianisierung Skandinaviens ein, und andererseits

H. Schneider, *Freiheit: Stationen einer Idee*,
https://doi.org/10.1007/978-3-658-51604-8_14

expandierte der Deutsche Orden nach Osten. Die christlichen deutschen Hanseaten erkannten die strategische Chance.

Gesellschaft der Gleichen

Die wichtigste Regel der frühen Kaufmannshanse war: Kaufleute sind untereinander gleich. „Gleich" bedeutet: Jeder ist frei, zu bestimmen, welche Anteile er in die Fahrgemeinschaft einbringt. Mitbestimmungsrechte richten sich nach dem relativen Gewicht der individuellen Anteile. Die Regeln wurden vor der Fahrt abgemacht und konnten dann nicht mehr verändert werden.

Das ist alles erstaunlich. In einer Zeit, in der Regeln gemäß Ansehen der Person beliebig veränderbar waren, in der jede Gruppe immer eine vordefinierte Hierarchie aufwies und in der die Aufteilung von Rechten nach Einlagen unbekannt war, erfanden die Hanseaten ein eigentlich revolutionäres System. Dieses war aber nicht nur von Regeln geprägt, sondern von der individuellen Freiheit, mitzumachen. Jeder Kaufmann entschied für sich und allein, mit welcher Fahrgemeinschaft er unterwegs sein wollte und wie groß seine Anteile darin waren.

Bahnbrechende Betriebswirtschaft

Und dann setzte eine andere Entwicklung ein: Die Betriebswirtschaftslehre entwickelte sich. Freilich musste sie noch Jahrhunderte warten, bis sie diesen Namen annehmen würde. Doch verschiedene kommerzielle Techniken verbreiteten sich. Zunächst fingen Kaufleute an, den Handel über Vertreter zu organisieren. Damit wurden Kaufleute ansässig. Von einer Stadt aus regelten sie ihre Handelsbeziehungen – Vertreter erlaubten zudem, gleichzeitig mehrere Handelsbeziehungen einzugehen.

Daneben wurden das Messystem verbessert und Finanztransaktionen eingeführt – man denke an Schuldscheine, Kredite und Wechsel –, und die Schiffe wurden grösser, was entweder größere Hafenanlagen oder ein Interport-System mit Verladestellen notwendig machte. Kurzum: Kaufleute wandelten sich von einem schifffahrenden, tauschenden Volk zu ansässigen Managern von Logistik- und Finanzketten.

Starke Städte

Mit diesem Wandel des Kaufmannsberufs änderte sich auch der Stellenwert der Stadt für die Kaufleute. Sie brauchten eine Stadt als Treffpunkt, Marktplatz, Logistik- und Finanzbasis. Damit wurde die Hanse im 13. Jahrhundert vom Kaufmannsverein zu einem Bund unter Städten. Lübeck und Hamburg dachten, eine Kooperation sei im gegenseitigen Interesse. Später wurde dieses Tandem zum Wendischen Städtebund (an dem sich unter anderem auch Rostock und Kiel beteiligten). Ähnliche Bünde entstanden etwa im Rheinland oder im Deutschordensstaat.

Auch diese Städtebünde waren eine Besonderheit ihrer Zeit. Die Teilnahme war – bis auf Ausnahmen – nicht ein kaiserliches Privileg, sondern eine Entscheidung unter Gleichen. Entweder nahmen Städte an den Kaufmannsgepflogenheiten teil und wurden so von den anderen als gleichgestellt empfunden. Oder sie baten förmlich um eine Aufnahme. Auf jeden Fall waren es die Gleichen, die entschieden, ob sie ein weiteres Mitglied wollten.

Schwacher Staat

Im 14. und 15. Jahrhundert avancierte die Hanse zu einer politischen Großmacht in der Nord- und Ostsee. Von London bis nach Nowgorod funktionierten die deutschen Städte als Transmission in beide Richtungen. Doch die Hanse gab sich immer mehr Aufgaben. Sie wurde zum Seepolizeibündnis. Sie hatte eigene Streitkräfte. Sie ließ sich von Kaisern und Königen zunehmend in militärische Auseinandersetzungen einspannen. Und sie wurde zum Kartell: Mit ihrer Macht begründete sie Handelsprivilegien für ihre Kaufleute und vergaß, dass es der freie Handel war, der sie stark machte.

So setzte im 15. Jahrhundert der Niedergang der Hanse ein. Die Kartellierung war für Außenstehende ein Anreiz, andere Handelswege zu finden, zum Beispiel zu Land. Mit der Entdeckung Amerikas, aber auch mit der Stabilisierung des Ostens betraten weitere Konkurrenten das Feld. Mit der Abkehr von der Kaufmannsneutralität hatte die Hanse zunehmend Feinde in Europa. Und: Wie jedes Kartell war der Bund der Städte wenig innovativ. Der Dreissigjährige Krieg brachte die letzte Auflösung der Hanse.

Je mehr die Hanse zum formalen Staat wurde, desto mehr Vorteile gab sie aus der Hand. Denn sie war gedacht als ein Bund von Gleichen und nicht als eine hoheitliche Entität. Und sie war der Freiheit entsprungen, nicht politischen Machtspielen. Solange Kaufleute unter Gleichen freien Handel betrieben, war die Hanse ein starkes Gegenkonzept zu einem Europa der Dauerkriege unter Adligen.

Literatur

Iwanov, Iwan A. Die Hanse im Zeichen der Krise: Handlungsspielräume der Politischen Kommunikation im Wandel (1550–1620). Böhlau, 2016.
Pichierri, Angelo. Die Hanse – Staat der Städte: Ein ökonomisches und politisches Modell der Städtevernetzung. Springer, 2013.

Als die Schotten sentimental wurden
Eine eigene Version der Aufklärung

Großbritannien: Im 16. Jahrhundert kam es zur *Glorious Revolution*. Im 17. Jahrhundert legte John Locke die philosophischen Grundlagen der späteren angelsächsischen Freiheitskämpfe an. Im 18. Jahrhundert kam es in Schottland zu einer eigenen Version der Aufklärung. Diese basierte auf dem freien Willen und den freien Märkten. Getragen wurde sie von den „Sentimentalisten". Wer waren sie?

Anthony Ashley-Cooper, 3rd Earl of Shaftesbury (1671–1713; zwar ein Engländer), Francis Hutcheson (1694–1746), David Hume (1711–1776), und Adam Smith (1723–1790) sind die wichtigsten Figuren des schottischen Sentimentalismus. Sie behaupteten, die Moral – und mit ihr die Handlungen des Menschen – basiere letztlich auf Gefühlen. Falls das immer noch fremd anmutet: Im Englischen jener Zeit bedeutete das Wort *sentiment* nicht nur Gefühl, sondern auch Wahrnehmung. Die Sentimentalisten wollten also den individuellen Willen und die subjektive Wahrnehmung in den Mittelpunkt stellen.

© Der/die Autor(en), exklusiv lizenziert an Springer Fachmedien Wiesbaden GmbH, ein Teil von Springer Nature 2026
H. Schneider, *Freiheit: Stationen einer Idee*,
https://doi.org/10.1007/978-3-658-51604-8_15

Was man will und was man tut

Das war auch notwendig. Denn in jener Zeit meinte man noch, alle Menschen handelten (nur) aufgrund natürlicher oder gottgegebener Ordnung. Selbstverständlich waren Könige und Magistrate die Verwalter dieser Ordnung. Und sogar Locke war noch der Meinung, die objektiv erkennbaren Bedürfnisse der Gesellschaft gingen den individuellen Wünschen vor. Damit eng verbunden herrschte die Meinung, alles Wichtige sei allein aufgrund theoretischer Untersuchungen lernbar.

Die Sentimentalisten widersprachen. Ihnen ging es nicht nur um das Praktische und das Wahrnehmbare. Das auch. Ihnen ging es aber vor allem um den Willen des freien Individuums und um seine Handlungen. Menschen haben verschiedene Gefühle. Heute würde man von Motivationen, Neigungen, Mangelempfinden sprechen. Diese Gefühle veranlassen mögliche Handlungen, und jede Handlung hat moralischen Charakter. Das Individuum wägt ab, welche Gefühle es hat, welche Mittel es zur Verfügung hat und wie verantwortlich die Handlungen sind. Danach wählt es jene Alternative aus, die diese Aspekte am besten vereinigt.

Reziprozität und Vertrauen

Doch kommt es da zu einem Problem. Moralische Urteile – alle Handlungen entspringen diesen Urteilen – sind unparteiisch. Wenn ich es für moralisch richtig halte, dass mir der andere seine Schulden zurückzahlt, dann muss ich es auch für richtig halten, dass ich meine Schulden zurückzahle. Wer garantiert, dass meine Gefühle unparteiisch sind?

Hutcheson kam mit der Antwort: *Sympathy*. *Sympthay*, oder in der heutigen Sprache eher Empathie, ist nicht Wohlwollen oder ein spezielles Gefühl wie Liebe oder Wut, sondern die Neigung, die Gefühle anderer mitzuempfinden. Smith griff die Empathie auf und erweiterte sie um den *impartial spectator*. Menschen sollten sich immer so verhalten, als ob sie von einem unparteiischen Beobachter begleitet würden. Damit würde nicht nur die Reziprozität gewährleistet, sondern das Aufbauen von Vertrauen in einer Gemeinschaft oder Gesellschaft.

Markt und Moral

Das war für Smith besonders wichtig. Denn er erweiterte den Sentimentalismus auf die Austauschbeziehungen auf den freien Märkten. Freilich, Hume dachte auch über Geld und Arbeit nach und Hutcheson über den Wert der Güter, aber es war Smith, der die gesamte Dimension des freien Marktes sah und sie auch philosophisch darlegte. Seine unsichtbare Hand ist mehr als spontane Ordnung, sie ist das Ergebnis von Individuen, die sich gemäß dem unparteiischen Beobachter verhalten. Nicht umsonst wird die Hand in *Theory of Moral Sentiments* öfters als in *Wealth of Nations* genannt.

Der schottische Sentimentalismus oder die schottische Aufklärung sah in den freien Märkten nichts anderes als die Möglichkeit freier menschlicher Entfaltung. Deshalb plädierten Hume, Hutcheson und Smith für möglichst wenig Regulierung und möglichst viel Freiheit, gerade in den wirtschaftlichen Austauschbeziehungen. Freier Handel, freie Preissetzung und freier Marktzugang waren für sie ebenso selbstverständlich wie Freiheit des Glaubens, Freiheit der Meinung und politische Freiheit.

Wegbereiter in die Moderne

Auch wenn nicht alle Ideen des schottischen Sentimentalismus sich verbreiteten: Der freie Wille und die damit verbundene Verantwortung des Individuums, der freie Markt und die empirische Ausrichtung des Lernens sind geblieben. Ihr größter Beitrag war aber, das Individuum in den Mittelpunkt zu stellen. Dieses Individuum war nicht eine Rechenmaschine oder eine Schachfigur; es war ein moralisch empfindendes Subjekt mit Handlungsmöglichkeiten und Abwägungsfähigkeiten.

Der Earl of Shaftesbury soll einmal im Parlament gesagt haben: „Nicht alles ist gut; nicht alles ist schlecht. Aber jeder einzelne von uns ist frei, das Schlechte gut zu machen und das Gute daran zu hindern, schlecht zu werden." Das ist schottischer Sentimentalismus.

Literatur

Bow, Charles Bradford. Common Sense in the Scottish Enlightenment. Oxford University Press, 2018.

Brühlmeier, Daniel, Helmut Holz, und Vilem Mudroch. Schottische Aufklärung:„A Hotbed of Genius". De Gruyter, 2018.

Der offene Clan und seine Freunde

Kein Bannerträger der Freiheit, aber mit freiheitlichen Elementen

Als gesellschaftliche Organisationsform haben Clans etwas Anrüchiges an sich. Sie werden schnell als archaisch, gesetzlos und auch kriminell abgetan. Doch historisch gesehen sind sie viel interessanter, als auf den ersten Blick vermutet. Freilich ist die Clanorganisation kein Bannerträger der Freiheit. Aber sie ist viel weniger unterdrückend, als andere es waren und sind.

Gewisse Differenzierungen sind nötig, um von Clans zu sprechen. Die erste geht auf Ferdinand Tönnies (1855–1936) zurück, der zwischen Gemeinschaft und Gesellschaft unterscheidet. Gemeinschaft ist ein eher kleines System, in dem sich Menschen gegenseitig kennen und austauschen. Gesellschaft ist ein großes System, das von weitgehender Anonymität geprägt ist.

Einer Gemeinschaft kann man sich nicht oder nur schwer entziehen. Die Regeln der Gemeinschaft gelten immer und werden von allen überwacht. Sie werden aber auch von allen mitgestaltet. Das ist die Sozialkontrolle. In der Gesellschaft gibt es Gesetze, die von eigens benannten Gesetzeshütern überwacht werden. In der sogenannten Privatsphäre kann man sich mindestens einiger Gesetze entziehen. Aber man kann sie selten direkt mitgestalten.

H. Schneider, *Freiheit: Stationen einer Idee*,
https://doi.org/10.1007/978-3-658-51604-8_16

Urahne und Schwan

Dann gibt es eine zweite Unterscheidung. Der Volksmund nennt jeden großen Familienschwarm Clan. Doch das ist falsch. Gerade die Abstammungsgemeinschaft, die relativ lückenlos alle Linien auf einen gemeinsamen Urahnen zurückführen kann, ist kein Clan. Weil sie auch über eine geschlossene Abstammungslinie verfügt, betrachtet sie alle, die außerhalb der Linie stehen, mit grundlegender Skepsis. Entweder man gehört dazu oder nicht. Dieses Prinzip wurde später auch auf den Nationalstaat übertragen. Entweder man gehört zur Nation oder nicht.

Ein Clan kann diese Abstammung nicht nachweisen. Er will es auch nicht. Denn im Clan gilt eine andere Logik, die fast schon mystisch ist. Clans sind durch gemeinsame Narrative über ihre Entstehung verbunden. Einmal war es eine Gottheit, die den Clan ins Leben rief; einmal war es ein Schwan, ein Biber, ein Baum, und so weiter. Damit sind Clans offener: Wer sich diesem Narrativ anschließt, kann grundsätzlich Mitglied werden. Clans sind eher froh über Hinzugezogene, weil sie die Größe – und Macht – der Clans vergrößern.

Organisation und Differenzierung

Abstammungsgemeinschaften und Clans weisen auch verschiedene Organisationsformen auf. Während die ersten in sich geschlossen sind und nur in Ausnahmefällen Bündnisse eingehen, sind Clans offen für Zusammenarbeit innerhalb ihrer eigenen Struktur und mit anderen Clans. Zum Beispiel war es für nordamerikanische und schottische Clans einfach, neue Mitglieder aufzunehmen. Diese konnten aus anderen Clans oder auch aus anderen Gemeinschaften kommen.

Entsprechend einfach war es auch, aus dem Clan auszuscheiden. Die Möglichkeit des individuellen *Opt-out* war immer gegeben und musste nach den Regeln der Gewohnheit respektiert werden. Innerhalb des Clans kam es zur Bildung sogenannter Bruderschaften. Das waren Gruppen von Menschen, die sich besonders verbunden fühlten, zum Beispiel weil sie in der gleichen Behausung wohnten, ähnliche spirituelle Visionen hatten oder die gleiche Funktion erfüllten. Man konnte auch gleichzeitig mehreren Bruderschaften angehören.

Konföderation und Vermögen

Dort, wo Clans im Dauerkrieg miteinander oder gegen andere standen, kam es oft zu einem Bündnis mehrerer Clans. Das beobachtet man bei den nordamerikanischen Irokesen oder Mahican. Die ersteren waren eine Konföderation – das heißt ein Dauerbündnis – aus sechs Clans, wobei die Irokesen selber eine Minderheit darin bildeten; und die letzteren waren ebenfalls ein Dauerbündnis aus vier Clans. In Schottland war die Zusammenarbeit einiger Clans so eng, dass man sich sogar auf eine Monarchie einigen konnte.

Ebenfalls interessant: Im Unterschied zur Normalform der Abstammungsgemeinschaft, die die männliche Linie respektiert, gibt es keine Normalform der Vermögensübertragung in Clans. Freilich gab es Clans, die patrilinear waren, zum Beispiel in Schottland. Aber in Asien und Nordamerika, und selbst in Osteuropa, sind jene Clans in der Mehrheit, die als Matriarchat aufgebaut waren.

Und die Freiheit?

Wie eingangs gesagt, sind Clans an sich keine Bannerträger der Freiheit. Doch als gemeinschaftliche Organisationsform tragen sie Aspekte, die für die Freiheit nicht unerheblich sind. Ihre Offenheit für Bündnisse, um Sicherheit zu garantieren, ist interessant – mindestens im Vergleich zur Abstammungsgemeinschaft und zum Nationalstaat, die die Fremden primär als potenzielle Gegner identifizieren. Die Möglichkeit des individuellen *Opt-in* und *Opt-out* ist eine weitere Eigenschaft, die auf Freiheit deutet.

Vor allem aber die Vorstellung von dem, was den Clan verbindet, trägt in sich den Keim der Freiheit. Einfach (vielleicht zu einfach) gesagt: Was verbindet, ist das gemeinsame Narrativ, das heißt der Wille, eine Sicht der Dinge zu teilen und an ihr weiterzuarbeiten. Dieses Narrativ ist eben nicht etwas „Genetisches", wie in der Abstammungsgemeinschaft – die genetische Verbindung zum Urahnen –, oder im Nationalstaat die Verbindung zur Nation. Die gemeinsame Idee verbindet den Clan.

Das ist zwar noch nicht Freiheit. Doch es ist auch nicht anrüchig.

Literatur

Clifford-Vaughan, F. „Disintegration of a tribal society: The decline of the clans in the Highlands of Scotland." Theoria: A Journal of Social and Political Theory (1974): 73–81.
Weiner, Mark S. The Rule of the Clan: What an Ancient Form of Social Organization Reveals About the Future of individual freedom. Macmillan, 2013.

Königliches Preußen: Ein polnisches Kleinod

Private Kulturförderung dank Freihandel

300 Jahre blühte das Königliche Preußen. Die polnische Provinz war wirtschaftlich stark, kulturell aktiv und sozial heterogen. Was alles zusammenband, waren Freiheit und Toleranz. Dabei begann alles mit dem Krieg.

Tannenberg in Preußen, 15. Juli 1410. Auf der einen Seite stand das disziplinierte Heer des Deutschen Ordens. In Reih und Glied warteten die weiß-schwarzen Infanteristen und Kavalleristen auf den Einsatz. Auf der anderen Seite sangen die bunten Truppen der Jagiellonen. Das Königreich Polen, dem die Jagiellonen unter anderem vorstanden, wollte das zurücknehmen, was es als das Seinige ansah: Pommern und Masowien hatte es schon. Nun waren Pommerellen und Preußen an der Reihe.

Und es gewann. Die Schlacht von Tannenberg markierte den (Wieder-)Aufstieg des Königreichs Polen und seiner unierten beziehungsweise assoziierten Gebiete in die erste Liga der europäischen Mächte. Die gleiche Schlacht setzte der Vormachtstellung des Deutschen Ordens ein Ende. Nach ihr zerfiel der Staat, und der Orden begann seine 500-jährige Zersetzungsphase.

© Der/die Autor(en), exklusiv lizenziert an Springer Fachmedien Wiesbaden GmbH, ein Teil von Springer Nature 2026
H. Schneider, *Freiheit: Stationen einer Idee*,
https://doi.org/10.1007/978-3-658-51604-8_17

Mit Maria gegen Marienritter

Am Vorabend der Schlacht sangen die Jagiellonen-Kontingente das *Bogu-rodzica*, das „Lied der Mutter Gottes". Einerseits war dies ein Affront gegen die Deutschherren, wähnte sich doch der Orden unter dem besonderen Schutz Marias. Andererseits war das an sich eine Provokation, denn die polnischen Truppen bestanden nur zum Teil aus Katholiken. In ihnen gab es orthodoxe, muslimische, jüdische und gemischte Einheiten.

Die Schlacht kann auch als Konfrontation zwischen zwei gegensätzlichen Auffassungen des (katholischen) Christentums gesehen werden. Der Deutsche Orden gehörte zu der brutalen Kreuzzugstradition. Sie beruhte auf der Prämisse, Ungläubige und Andersgläubige seien auszurotten. Die Jagiellonen dagegen, in deren Reichen eine große religiöse Vielfalt herrschte, lehnten sowohl die Kreuzzüge als auch den Überlegenheitsanspruch des Papstes ab.

Nachdem die Jagiellonen die Schlacht für sich entschieden hatten, setzten sie den Kampf gegen den Ordensstaat fort. Im Jahr 1466 kam es zur Teilung seiner Gebiete. Der östliche Teil blieb „deutsch": Als polnisches Lehen hieß er fortan „Herzogtum Preußen". Der westliche Teil wurde zur polnischen Provinz Königlich Preußen. Die wichtigsten Zentren der Provinz waren Danzig, Graudenz und Thorn.

Mit Freiheit für Toleranz

Im Königlichen Preußen kam es schnell zu einer sozialen Gemengelage: Während die Städte vorwiegend deutsch blieben, wurde das Land nach und nach von – katholischen und jüdischen – Polen eingenommen. Mit dem Fortschreiten der Reformation wurden die Städte nach und nach lutherisch, und auf dem Land verbreitete sich der Calvinismus. Doch zu Konflikten kam es nicht. Im Gegenteil; es wurden die verbrieften Freiheitsrechte der Städte auf das ganze Land ausgeweitet. Konflikte konnten parlamentarisch in den Landtagen und Gerichten beigelegt werden. Edikte des Königs brauchte es praktisch keine.

Viel wichtiger noch war die Wirkung des polnischen Freiheitsstatuts: Während die Städte selber in Zünften und Gilden für die Ordnung der

Wirtschaft sorgten, waren die Landbewohner frei, praktisch jedes Gewerbe zu ergreifen. Das machte das Königliche Preußen zu einem Freihandelsraum. Seine Verbindung zur Hanse gab den Freihändlern sogar die Möglichkeit, zu exportieren. Das führte einerseits zu einer vorbildlichen vorindustriellen Arbeitsteilung zwischen Stadt und Land und andererseits zur Kapitalakkumulation.

Dank dieses Kapitalstocks standen viele private Mittel für Kunst und Kultur bereit. Nicht nur entstanden verschiedene literarische und musikalische Werke. Sondern es wurden auch Mythen kreiert: Der im 15. Jahrhundert wirkende Gelehrte Erasmus Stella verklärte die Preußen – er meinte die gemischte Bevölkerung in der Provinz – als ein „zur Freiheit geborenes Volk". Im 17. Jahrhundert setzte sogar eine eigene Art der Aufklärung dort ein.

Mit Erinnerung zur Freiheit

Dieses Kleinod blieb bis zum Jahr 1773 bestehen. Dann marschierte Friedrich II. von Preußen im Königlichen Preußen ein. Er besetzte die Provinz mit seiner Armee und Bürokratie. Was für den Hohenzollern einen Aufstieg bedeutete, war für das Königliche Preußen ein Freiheitsverlust. Schlimmer noch: Schnell kam ein Identitätsverlust dazu. Die Ideen der Freiheit und Toleranz mutierten nach und nach in Verwaltung und Nationalismus.

Es hieß: „Die Preußen dulden keine Herren in ihren Reihen" – gemeint waren die Bewohner des Königlichen Preußen. Und gemeint war nicht ein Volk als Kollektiv, sondern die einzelnen Menschen, die dort lebten. Aber irgendwo hatte Stella auch recht. Nachdem das Königliche Preußen preußisch wurde, gingen Wirtschaft, Kultur und Gesellschaft unter. Die Unterdrückung der Freiheit führte zur Auflösung der einst blühenden Gemeinschaft.

Doch es hieß auch – und das macht Mut: „Das Gemüt der Preußen ist ganz sonderlich. Auch wenn sie sich geschlagen geben, geben sie sich nicht geschlagen. Der Gegenschlag kommt. Vielleicht kommt er spät. Aber er kommt."

Literatur

Beckmann, Sabine, und Klaus Garber. Kulturgeschichte Preußens königlich polnischen Anteils in der frühen Neuzeit. Walter de Gruyter, 2011.
Davies, Norman. Im Herzen Europas: Geschichte Polens. CH Beck, 2000.

Die Osmanen
Freiheitliche Despoten

Das Osmanische Reich hatte einen umfassenden Anspruch: Dem Sultan, dem Vertreter Gottes auf Erden, sollte die ganze Erde gehören. Gerade deswegen kannte das Reich den langfristigen Dauerzustand des Krieges. Doch: Es war erstaunlich freiheitlich organisiert – solange Krieg herrschte.

Das scheint widersprüchlich. Im Kriegszustand war das Reich freiheitlich. Und in den Friedensphasen despotisch. Diese merkwürdige Paarung hat ihren Grund im Herrschaftsmodell des Osmanischen Reichs. Dieses Modell kann am besten als „tributär" bezeichnet werden. Es steht im Kontrast zu den „intrusiven" Herrschaftsmodellen des Byzantinischen Reichs oder der europäischen Monarchien der Neuzeit.

Tribut gegen Intrusion

In einem intrusiven („eindringenden") Modell möchte das übergeordnete Regierungssystem – sei es Reich oder Staat – die unterstellten Subjekte in verschiedenen Weisen an sich binden. Intrusive Systeme begnügen sich nicht mit Loyalitätskundgebungen und Steuern, sondern sie ver-

© Der/die Autor(en), exklusiv lizenziert an Springer Fachmedien Wiesbaden GmbH, ein Teil von Springer Nature 2026
H. Schneider, *Freiheit: Stationen einer Idee*,
https://doi.org/10.1007/978-3-658-51604-8_18

langen auch die Unterwerfung der Intimsphäre unter die Regeln des Systems. In allen intrusiven Herrschaftssystemen gibt es beispielsweise Regelungen zur Familie, zum Zusammenleben der Personen und zur Lebensgestaltung des Individuums selbst.

In einem tributären System geht es vor allem um die Anerkennung einer Oberhoheit. Das funktioniert einerseits mit der Huldigung einer Person, mit der Ablieferung einer Steuer – wobei nicht der Ertragswert der Steuern, sondern der Tatbestand der Abtretung in Anerkennung einer Hoheit im Vordergrund steht – oder durch das Abstellen wehrfähiger Personen an die Truppen der Oberhoheit. Tributäre Systeme sind nicht daran interessiert, die Interaktionen der ihnen unterstellten Subjekte oder gar ihre Intimsphäre zu regeln.

Sultan gegen Welt

So war es auch im Osmanischen Reich. Sobald Völker und Regionen erobert wurden, konnten die Eroberten ein pragmatisches Arrangement mit dem Sultan eingehen. Sie würden ihn als Oberherren anerkennen, dorfweise (nicht individuell) Steuern abliefern und einige Männer an die Armee abstellen. Wobei in vielen Regionen des Reiches die Steuern nur sehr lückenhaft eingetrieben wurden. Im Gegenzug durften die Eroberten ihre Religion behalten, ihre Arten des Zusammenlebens weiterführen und sogar selber für Konfliktlösungsmechanismen sorgen. Mit anderen Worten: Der Sultan regulierte nicht.

Der Grund für diese „Großzügigkeit" war jedoch nicht ein freiheitlicher. Seit seiner Gründung circa 1299 bis etwa zum 18. Jahrhundert befand sich das Reich im Dauerkrieg. Denn der Auftrag des Sultans war, die Welt zu beherrschen. Das tributäre Herrschaftsmodell etablierte sich aus verwaltungsökonomischen Gründen. Es war für das Reich einfacher, sich auf den Krieg zu fokussieren, als in den abgelegenen Dörfern Albaniens oder Georgiens Ehen zu schließen.

Krieg gegen Frieden

Im 17. Jahrhundert schien das Reich eine Kehrtwende einzuleiten. Die Kriegsmaschinerie konnte nur noch wenige Erfolge verbuchen. Des Dauerkrieges müde, versuchten sich die Osmanen neu zu organisieren. Sie führten eine Verwaltung ein und gaben sich das Ziel, die Macht nach innen zu konsolidieren. Es begann eine Friedensperiode, die – ironischerweise – für die eroberten Regionen und Völker zum echten Problem wurde. Diese langsame Abkehr vom Tributären sorgte für Unsicherheit und Ablehnung im Innern des Reiches.

Zur gleichen Zeit keimten regionalistische und sogar nationalistische Elemente auf. Handeltreibende griechischer Sprache fühlten sich plötzlich als Griechen und wollten sogar ein eigenes Land haben. Orthodoxe Bauern slawischer Sprache wollten einen eigenen Patriarchen und identifizierten sich fortan als Bulgaren. Christliche Sekten wurden im Libanon gegründet – sie konstruierten eine ethnische Identität, um den Selbstregierungsanspruch zu unterstreichen. Und Generäle in den Provinzen erkannten die Möglichkeiten, Putsche durchzuführen: Denn wer sich nach innen konsolidieren muss, ist nicht mehr nach außen stark.

Despotismus gegen Blüte

Mit dem Frieden wurden die Sultane zu Despoten. Sie verkannten den Grund ihrer Blüte: Ihre Kraft kam aus der relativen Freiheit, die innerhalb des Reiches herrschte. Erst die Einführung der Verwaltungsorganisation wurde von den Eroberten als Freiheitsverlust gewertet. Und genau dieser Verwaltungsdespotismus verlieh den Separationsbewegungen Kraft. Doch die Sultane blieben blind. Bis zur Reichsauflösung im Jahr 1922 versuchten sie mit administrativen Reformen (das heißt mehr Verwaltung), die Probleme zu lösen. Dabei war die Verwaltung an sich das Problem.

In seiner Blütezeit im 16. Jahrhundert war das Reich derart tributär organisiert, dass der Sultan sogar auf die Steuern verzichten konnte. Allein die Huldigung genügte dem Stellvertreter Gottes auf Erden. Nach der Kapitulation Frankreichs soll Sultan Süleyman I. gesagt haben: „Unserem Reich reicht die Anerkennung – alles andere ist gefährlich." Hätten die Bürokraten nur auf ihn gehört.

Literatur

Matuz, Josef. Das Osmanische Reich. WBG., 2006.
Reinkowski, Maurus. „Das Osmanische Reich – ein antikoloniales Imperium?."
    Zeithistorische Forschungen – Studies in Contemporary History 3.1
    (2006): 34–54.

Die „Levellers"
Freiheit ist eine Funktion von Eigentum

Das Großbritannien des 17. Jahrhunderts war geprägt von Spannungen: Bürgerkrieg (1642–1649), Königshinrichtung, dynastische Kämpfe und die Diktatur Oliver Cromwells (1653–1658). Mitten in diesen Tumulten entstand die radikalliberale Bewegung der *Levellers, so-called.*

Das Wort *Levellers* ist ein Etikett, das ihr von den politischen Gegnern angehängt wurde. Es meint abschätzig „Gleichmacher". Die Anführer dieser Partei, etwa John Lilburne (1614–1657), William Walwyn (1600–1681), Thomas Prince (1630–1657) und Richard Overton (1640–1664), nahmen die Bezeichnung gerne auf und sprachen von „uns, den sogenannten Gleichmachern".

Das Etikett war nämlich nicht ganz falsch. Die *Levellers* verstanden alle Menschen als von Geburt an gleich. Sie meinten, unabhängig vom Stand oder Glauben hätten alle Menschen das Eigentumsrecht am eigenen Selbst. Dieses absolute Geburtsrecht gebe allen Menschen gleiche Freiheiten – im politischen und ökonomischen Bereich.

H. Schneider, *Freiheit: Stationen einer Idee,*
https://doi.org/10.1007/978-3-658-51604-8_19

Schockierende Einsicht

Für ihre damalige Zeit waren diese Ideen falsch, anarchisch, schockierend. Denn die Vormacht des Adels samt seiner Steuerbefreiung, die Gebundenheit der Bürger in Gilden und Zünften und die Teilung der Gesellschaft in Adel, *gentlemen* und *populace* war von Gottes Gnaden gegeben. Ebenso waren die Kirchen unter der Führung der Anglikanischen Staatskirche ein Ausdruck der Ordnung der Dinge.

Das alles bekämpften die *Levellers*. Sie wollten freies, demokratisches Wahlrecht für alle freien Männer. Sie wollten die *House of Lords* und gleich die Steuerbefreiung der Adligen abschaffen. Sie wollten Wirtschaftsfreiheit. Sie wollten eine *flat tax*. Sie wollten das Kartell der Zünfte beenden. Und sie wollten die absolute Religionsfreiheit – ohne Staatskirchen.

Eigentum verpflichtet

Aus heutiger Sicht waren die *Levellers* weniger gleichmachend, als sie auf den ersten Blick erscheinen. Eigentum war für sie das absolute Ursprungsrecht. Die Freiheit des Einzelnen war eine Funktion des Eigentums. Eine Person, die Eigentum aufgibt, hat sich – zumindest für eine gewisse Dauer – von der Gemeinschaft der Freien verabschiedet. Und damit hat sie auch ihre Freiheitsrechte verwirkt.

Die gleichen *Levellers*, die gegen die Sklaverei waren, meinten, Angestellte sollten nicht abstimmen dürfen. Denn ein Angestellter hat seine Freiheit für die Dauer seiner Einstellung verwirkt. Er ist nicht mehr frei, sondern hat freiwillig – darauf kommt es an – entschieden, einem Herrn zu dienen. Sobald dieser Angestellte aber das Vertragsverhältnis beendet, ist er wieder frei. Und damit kann er wieder alle Rechte ausüben. Eigentum begründete für die *Levellers* eine individuelle Verpflichtung gegenüber der Freiheit.

Politik und Krieg

Im Unterhaus des Parlaments gab es nie viele *Levellers*. An zwei Hand voll konnte man die Träger der meergrünen Bänder zählen, die ihr Erkennungszeichen waren. Trotzdem wurden ihre Stimmen gehört. Vor allem, um sie der Agitation und des Verrats schuldig zu sprechen. Ihre Anführer wurden trotz der parlamentarischen Immunität des Öfteren verhaftet. Kein Wunder: Sie waren ja gegen den Adel, gegen den Klerus und gegen den König.

Die Bewegung gedieh erst während des Bürgerkriegs. Die *Levellers* wurden zu den wichtigsten Vordenkern der Sache, für die die *New Model Army* kämpfte. Sie schlossen sich dem Anti-Royalisten-Bund an und radikalisierten ihn. Selbst Oliver Cromwell suchte die Nähe zu den *Levellers*.

Als Erfolg getarnter Misserfolg

Cromwell setzte ein Pamphlet der *Levellers* ein, um das Kommando der Armee an sich zu reißen. In *Agreement of the People* kommt die Ideologie der Gleichmacher klar zum Ausdruck: Eigentum, Freiheit, keine Monarchie, keine Staatskirche. Das Pamphlet war unter den Soldaten und den Offizieren der antiroyalistischen Armee sehr beliebt. Cromwell stilisierte sich zum Einzigen, der nach einem Sieg die Ideen der *Levellers* umsetzen könnte. Dieser Schachzug ging für ihn auf.

Als er dann den Krieg für sich entschied, wollten die *Levellers* im Jahr 1648 ihre Petition *To The Right Honorable The Commons Of England* im Parlament diskutieren. Da blockierte Cromwell. Er ließ sogar den *Leveller* Robert Lockyer (1625–1649) exekutieren. Bei dessen Begräbnis kam es dann zu Massendemonstrationen. Der Konflikt eskalierte sogar in mehreren Meutereien. Nachdem wichtige Führer der *Levellers* 1649 auf Befehl Oliver Cromwells erschossen worden waren, fand diese Gruppierung praktisch ihr Ende.

Damit war die erste radikalliberale Bewegung in Europa kurzlebig. Doch ihre Ideen blieben lebendig und beeinflussten viele, die nach ihnen kamen. Direkten Einfluss übten die *Leveller* auf John Locke, Adam Smith und viel später noch auf Margaret Thatcher aus.

Literatur

Howell, Roger, und David E. Brewster. „Reconsidering the Levellers: The Evidence of the Moderate." The Intellectual Revolution of the Seventeenth Century (Routledge Revivals). Routledge, 2012. 79–100.
Sharp, Andrew. The English Levellers. Cambridge University Press, 1998.

Das Werden der Menschenrechte
Angelsächsische gegen französische Tradition

Die Idee, dass alle Menschen Rechte haben, ist nicht neu in der Geschichte. Viel wichtiger ist aber die Frage, ob sie Freiheitsrechte haben. Das ist schon eine viel neuere Denkfigur. Wer die Freiheitsrechte aber mit der Französischen Revolution assoziiert, irrt sich. Freiheitsrechte sind nämlich Abwehrrechte.

Was bedeutet diese Gleichung? Sie lässt sich einfacher darstellen, wenn die Geschichte dahinter aufgerollt wird. Natürlich kann man die Rechtskodizes des Altertums als Vorläufer der Freiheitsrechte sehen. Beispiele dafür wären die Normensammlung des Hammurabi in Babylonien um 1754 vor Christus oder die Zehn Gebote des Alten Testaments. Doch oft sind solche Betrachtungen ergebnisfixierte Interpretationen.

Hilfreicher ist es, auf „neuere" Entwicklungen zurückzugreifen. Schon im Hochmittelalter waren Freiheitsideen im Umlauf. Überall in Europa – in den Alpen, in Skandinavien, in England, in Masowien – kam es zu Bewegungen wohlhabender Bürger und Bauern, die nicht mehr damit zufrieden waren, dem Dritten Stand anzugehören. Dieser Stand wurde nämlich von den Adligen und den Geistlichen bevormundet. Meist begannen die Unzufriedenen, eine eigene Gerichtsbarkeit unter Gleichen zu verlangen.

© Der/die Autor(en), exklusiv lizenziert an Springer Fachmedien Wiesbaden GmbH, ein Teil von Springer Nature 2026
H. Schneider, *Freiheit: Stationen einer Idee*,
https://doi.org/10.1007/978-3-658-51604-8_20

Die Magna Charta

Doch auch im Adel kam es zu Differenzierungen. So wurden schon im Mittelalter Freiheitsrechte erstritten und verbrieft. Bekannt ist die „Magna Charta Libertatum", die „große Urkunde der Freiheiten", die 1215 in England die Adligen und Geistlichen, in Ansätzen auch die Bauern, vor maßlosen Steuern des Königshauses schützte. Sie wurde zur wichtigsten Grundlage des englischen Verfassungsrechts.

Mit dem Prinzip des „Habeas Corpus" – erste explizite Erwähnung im Jahr 1305 – etablierten sich die Schutzrechte am Eigentum, das Verbot der willkürlichen Festnahme und Inhaftierung durch den König und seinen Bevollmächtigten und letztlich auch die Unversehrtheit der eigenen Wohnung („My home is my castle"). Bezeichnenderweise galt und gilt dieses Prinzip für die Angehörigen aller Stände.

Später, im ausgehenden Mittelalter, etablierten sich quer durch ganz Europa, aber vor allem in England, Schottland, den Niederlanden, der Eidgenossenschaft und in einigen „deutschen" Gegenden und Städten Versammlungen der Steuerzahlenden. Menschen aller Stände, die Steuern bezahlten, fühlten sich berufen, über die Verwendung der Steuergelder mindestens konsultiert zu werden.

No taxation without representation

Ungerechte Steuern waren auch für die Siedler in Nordamerika der Anlass für den Kampf um ihre Unabhängigkeit. Dabei ging es um mehr als „nur" um Geld. Schon im Mittelalter war es den meisten klar: Steuern sind Enteignungen. Die Amerikaner machten es noch klarer: Bedingungslose Enteignung kann es nicht geben.

So steht es auch in der Unabhängigkeitserklärung von 1776: „Wir halten folgende Wahrheiten für selbstverständlich: dass alle Menschen gleich geschaffen sind; dass sie von ihrem Schöpfer mit gewissen unveräußerlichen Rechten ausgestattet sind; dass dazu Leben, Freiheit und das Streben nach Glück gehören." Ein weiteres, zentrales, unveräußerliches Recht in der US-amerikanischen Verfassung ist die Eigentumsgarantie, die in der *Bill of Rights* (1791) verankert wurde.

Die französische Erklärung der Menschen- und Bürgerrechte kam im Jahr 1789. Anders als die hier erwähnten Vorgänger gewährte die französische Erklärung nicht nur Rechte, sondern verpflichtete die Allgemeinheit, etwas zu unternehmen, um diese Rechte zu gewährleisten. Diese Vorstellung wurde auch vom Völkerbund und von den Vereinten Nationen in der „Allgemeinen Erklärung der Menschenrechte" im Jahr 1948 übernommen.

Status negativus und *Status positivus*

Der konzeptionelle Unterschied zwischen den angelsächsischen Freiheitsrechten und französischen Menschen- und Bürgerrechten sind nicht zu unterschätzen. Die ersten sehen Rechte als Abwehrrechte gegenüber hoheitlichen Eingriffen. Das nennt man *status negativus*. Die zweiten, die dem *status positivus* verpflichtet sind, betonen die Aufgaben der öffentlichen Hand. Der Unterschied lässt sich erklären.

Die angelsächsische Tradition sah die langsame Desintegration eines alten, interventionistischen Systems. Dieses war die Standesgesellschaft oder die Kolonialgesellschaft. Freiheitsrechts-Advokaten wussten, dass ein neues System das Alte ersetzen würde. Sie wussten aber nicht, welches. Damit dieses auf jeden Fall nicht-interventionistisch ausfällt, wollten sie künftige Intervention abwehren. Angelsächsische Freiheitsrechte kämpfen gegen die Willkür der Standesgesellschaft und gleichzeitig gegen eine neue Machtballung.

Die Französische Revolution hingegen hatte eine nationale Sache vor Augen. Jene, die die Menschenrechte erklärt haben, sahen sich als Regierende und gaben sich entsprechende Aufträge. Die Menschenrechte waren ihr Regierungsprogramm. Entsprechend „staatsfreundlich" fielen sie aus. Dass sie dann zum Bestandteil der Vereinten Nationen wurden, ist auf ihre bewusste Verklärung zurückzuführen.

Menschen- und Freiheitsrechte

Heute werden beide Elemente großzügig vermischt. Doch für Vertreter der Freiheitsrechte ist das eher eine schlechte Nachricht. Freiheitsrechte setzten nämlich auf die Freiheit des Individuums, nicht auf die Macht des Staates oder der Allgemeinheit. Freiheitsrechte sind Abwehrrechte gegenüber der Bevormundung der Menschen durch einen König; sie wehren aber auch ab, dass irgendein Individuum von einem anderen oder einer Gruppe unterdrückt wird.

Freiheitsrechte sind die echten Menschenrechte.

Literatur

Brown, Wendy. States of Injury: Power and Freedom in Late Modernity. Princeton University Press, 2020.
Poscher, Ralf. Grundrechte als Abwehrrechte: Reflexive Regelung Rechtlich Geordneter Freiheit. Mohr Siebeck, 2003.

Preußische Reformen: Waffen, Wissenschaft, Verfassung

Ein Versuch, Freiheit „von oben" voranzutreiben

Preußen müsse sich auf „das dreifache Primat der Waffen, der Wissenschaft und der Verfassung" gründen. Feldmarschall August Wilhelm Graf Neidhardt von Gneisenau (1760–1831) brachte so den Inhalt der Preußischen Reformen auf den Punkt. Dass ein Land von oben umgebaut – ja sogar befreit – werden kann, zeigen diese Reformen. Sie zeigen aber auch die Ungereimtheiten eines Prozesses „von oben" auf.

Die Niederlage Preußens bei Jena und Auerstedt im Jahr 1806 war bitter. Napoleon hatte gesiegt; das Königreich war am Boden. Mehr noch: Die napoleonische Schmach und der damit einhergehende Verlust eines guten Drittels des Territoriums wurden als Bankrotterklärung des aufgeklärten Absolutismus verstanden. Reformen mussten her.

Inspiriert von der Philosophie des Preußen Immanuel Kant (1724–1804) legte eine Gruppe von Reformern im Jahr 1807 ihre Gedanken in der „Rigaer Denkschrift" nieder. Ihre Unterzeichner waren: Barthold Georg Niebuhr (1776–1831; späterer Professor und Diplomat), Karl Freiherr vom Stein zum Altenstein (1770–1840; späterer Minister), Theodor von Schön (1773–1856, späterer Politiker und Alterspräsident bei der ersten Sitzung der Preußischen Nationalversammlung) sowie Karl August Fürst von Hardenberg (1750–1822, späterer Kanzler).

© Der/die Autor(en), exklusiv lizenziert an Springer Fachmedien Wiesbaden GmbH, ein Teil von Springer Nature 2026
H. Schneider, *Freiheit: Stationen einer Idee*,
https://doi.org/10.1007/978-3-658-51604-8_21

Preußen stärken – die Preußen befreien

Obschon Kaiser Friedrich Wilhelm III. den Reformansinnen anfänglich nichts abgewinnen konnte, gab er dem Druck des Faktischen nach. Er merkte, dass die alte Ordnung nicht mehr zu erhalten war. Er installierte Heinrich Friedrich Karl Freiherr vom Stein (1757–1831) als leitenden Minister im Jahr 1807 und gab ihm freie Hand. Auf ihn folgte Fürst Hardenberg in gleicher Position – ab 1810 als Kanzler – mit den gleichen Freiheiten.

Hauptziel der Reform war es, durch eine Erneuerung von innen den Weg zur Befreiung von der faktischen französischen Oberherrschaft und den Wiederaufstieg zur Großmacht zu ermöglichen. Das Innere Preußens, das es zu reformieren galt, wurde schnell identifiziert: Es waren die Bürger – damals umfasste der Begriff nur die freien Männer.

Es sollte also ein Staat mit Mitwirkungsmöglichkeiten der Bürger auf der Grundlage von persönlicher Freiheit und Gleichheit vor dem Gesetz entstehen. Daraus ließen sich die anderen Aspekte der Reformen ableiten: Föderalismus, Kommunalautonomie, allgemeine Wehrpflicht (eine Idee des späteren Generalmajors und Publizisten Carl von Clausewitz, 1780–1831), Bauernbefreiung, Gewerbefreiheit, Bildung, Emanzipation der Juden, Trennung von Justiz und Verwaltung sowie die Abschaffung der Adelsprivilegien.

Widerstand – konservativ und progressiv

Die Reformen blieben nicht ohne Widerstand. Der Adel widersetzte sich der Abschaffung althergebrachter Privilegien. Dazu gehörten beispielsweise eine eigene Gerichtsbarkeit, das Monopol über die Heeresführung sowie die Macht über die gutsverpflichteten Bauern. Ganz generell wurde die Agrarreform ohnehin zum Stolperstein für die Reformer. Denn sie fanden keine zufriedenstellende Verbindung zwischen dem Schutz des Eigentums und der Bauernbefreiung. Ihre Lösung – die Abtretung von Grund – führte zu einer relativen Verarmung sowohl der Bauern als auch der Adligen.

Die bürgerlichen Städter lehnten wiederum die eingeführte Gewerbefreiheit ab. Die Abschaffung der Zunftpflicht, die Zulassung von Wettbewerb, die freie Berufswahl und die gewerbliche Angleichung von Stadt und Land waren ihnen ein Dorn im Auge. Die preußischen Reformer orientierten sich dabei am Wirtschaftsliberalismus. Die Schriften von Adam Smith komplettierten hier jene Kants. Vordergründig war allerdings nicht die Förderung einer noch kaum vorhandenen Industrie. Die Gewerbefreiheit zielte vor allem auf die Beseitigung von Schranken für die ländliche Gewerbetätigkeit.

Selbst die Bildungsreform Wilhelm von Humboldts wurde scharf kritisiert. Er ging einem humanistischen Ideal nach: Der selbstverantwortliche Bürger steht im Mittelpunkt des Staatswesens und muss deshalb umfassend gebildet werden. Im Unterschied zur utilitaristischen Pädagogik der Aufklärung, die zweckdienliches Wissen für das praktische Leben vermitteln wollte, setzte der Humanismus auf eine allgemeine und zweckfreie Menschenbildung. Attackiert wurde diese Ansicht von Progressiven, die nicht die Bildung des Individuums, sondern die Nationalerziehung wollten. Abgelehnt wurde Humboldt auch von Konservativen, die zurück zum Praktischen wollten.

Innere Differenzierung und Grenzen

Die Reformer waren sich freilich nicht in allem einig. Zum Beispiel: Stein und Hardenberg ergänzten sich als Minister; aber sie standen für zwei unterschiedliche Ansätze. Steins Ansatz war eher antiaufklärerisch und traditionalistisch und knüpfte an adlige Absolutismuskritik an. Er stand den zentralistischen Bürokratien skeptisch gegenüber und trat für Kollegialität in der Verwaltung und für Dezentralisierung ein. Hardenberg nahm die Prinzipien der Französischen Revolution und Anregungen der napoleonischen Herrschaftspraxis auf. Im Gegensatz zu Stein war er aber Etatist. Er strebte eine Stärkung des Staates durch eine straffe und zentral organisierte Verwaltung an.

Ab 1814 – dem Wiener Kongress – und spätestens ab 1818 wurden restaurative Tendenzen in Preußen stark. Bald sollten die Reformen nicht weiter angetrieben werden. Sie kamen zum Stillstand. Einerseits überforderten sie Bürger und Staat. Andererseits waren die Reformen eine bürokratische Modernisierungsstrategie, die an den typischen Problemen aller „von oben" entworfenen Pläne litt: Den Reformern fehlte es an Information über das, was wirklich geschah, und über die Reaktionen der Leute.

Trotzdem waren die preußischen Reformen ein großartiger Versuch, die Freiheit voranzutreiben. Gneisenau mag sogar recht behalten haben, als er seine eigene konservative Wende in einem Brief erklärte: „Freiheit war das Anliegen. Sie wird einst kommen. Doch ihre Zeit ist nicht jetzt."

Literatur

Nolte, Paul. Staatsbildung als Gesellschaftsreform: Politische Reformen in Preußen und den süddeutschen Staaten 1800–1820. Campus, 2020.
Eckert, Georg, Carola Groppe und Ulrike Höroldt. Preußische Staatsmänner. Herkunft, Erziehung und Ausbildung, Karrieren, Dienstalltag und Weltbilder zwischen 1740 und 1806. Duncker & Humblot, 2023.

Viva la Pepa!
Die liberale Verfassung Spaniens 1812

Cádiz, Spanien, im Jahr 1812. Die erste liberale Verfassung Europas wird von einer Versammlung von Volksvertretern erlassen. Am Tag des heiligen Josefs – Kosename: „Pepe", feminin: „la Pepa" – sind viele zuversichtlich. Endlich sollte der Freiheit ein Durchbruch gelingen. Doch schon im Jahr 1814 schlägt die Reaktion zurück.

Was macht eine Verfassung zu einer liberalen Verfassung? Dafür gibt es verschiedene Anhaltspunkte. Einige davon sind: Sie wird von Volksvertretern erarbeitet und erlassen. Sie definiert das Volk als Souverän. Sie garantiert Eigentum, individuelle Freiheit und freie Meinungsäußerung. Sie erlaubt den Menschen, auf eigene Entscheidung, Rechnung und Risiko wirtschaftlich tätig zu werden. Die Pepa erfüllt alle diese Kriterien, wenn schon mit Abstrichen.

Was heute doch selbstverständlich erscheint, war im 19. Jahrhundert eine Seltenheit – vor allem in Spanien. Noch 1795 bekräftigt der absolutistische König Karl IV. seinen alleinigen Anspruch auf alles Land und die exklusive Verpflichtung zum katholischen Glauben. Sein Kabinett glänzt durch scharfe Polizei, Gesinnungskontrolle und Wirtschaftsplanung. Wie kommt es zum Wandel?

H. Schneider, *Freiheit: Stationen einer Idee*,
https://doi.org/10.1007/978-3-658-51604-8_22

Revolution, Napoleon

Die Französische Revolution 1789 bis 1799 kann an sich keine großen Auswirkungen in Spanien entfalten. Freilich, es gibt „Liberale" und sogar „Revolutionäre", doch sie werden unterdrückt, gedemütigt oder einfach nur enteignet. Bis etwa zum Jahr 1908 deutet nichts auf einen Kurswechsel hin. Selbst während der Napoleonischen Kriege bleibt das iberische Königreich neutral. So neutral, dass es dem französischen Kaiser sogar erlaubt, durch das Land bis zur portugiesischen Grenze zu marschieren.

Portugal ist nämlich der letzte Alliierte Großbritanniens und damit ein Widersacher Napoleons. Dieser wollte über Spanien Truppen an der Grenze zum dürren Landstrich stationieren, um ihn in die Kontinentalblockade zu zwingen. Aber Napoleon merkt – sozusagen während des Durchmarsches –, dass es sich lohnen würde, nebenbei noch Spanien einzunehmen. Das Königreich wird zum großen Teil besetzt. König Karl IV. wird von Napoleon eingeladen, auf seinen Thron zu verzichten. Napoleons ältester Bruder tritt als König Joseph I. die Würde an.

Vertrag, Vertretung

Im nicht besetzten Teil Spaniens tun sich verschiedene Gruppen – Konservative, Liberale und Revolutionäre – zusammen. Sie wollen sich einerseits vor der französischen Vereinnahmung schützen. Doch andererseits streben sie die Befreiung des Landes an. Nicht nur das. Sie wollen einen spanischen König über Spanien. Karls Sohn, Ferdinand VII., steigt zum Hoffnungsträger auf.

Doch diesen Gruppen geht es nicht nur um die Wiederherstellung Spaniens. Sie entwickeln eine Vision für das künftige Spanien. Die napoleonische Herrschaft gilt als Beleg dafür, wie sehr das alte System schon kaputt war. Das neue, so die Vorstellung, baut auf ein Miteinander des Volkes und des Königs. Schließlich ist es auch das Volk, das Spanien befreien will. Als dies auch noch gelingt, kommen die Vertreter des Volkes zusammen, um die neuen Spielregeln niederzulegen. Die Verfassung von Cádiz entsteht als neuen Gesellschaftsvertrag in Vertretung des Königs.

Restauration, Konfusion

Doch Ferdinand will nichts davon wissen. Nach seiner Ankunft in Spanien erlässt er am 4. Mai 1814 das Manifest von Valencia. Darin stellt er fest: Die Volksvertretungen der *Junta Suprema Central* und die verfassungsgebende *Cortes von Cádiz* handelten nicht in seinem Auftrag. Jene Entscheide, vor allem die Verfassung, sind nichtig. Die bestehenden *Cortes* – das Parlament also – werden aufgelöst und keine neuen einberufen.

Die nächsten Jahre sollen schwierig werden. Der König genießt kein Vertrauen. Immer wieder ereignen sich Volksaufstände gegen ihn. Einer im Jahr 1820 ist dann so stark, dass Ferdinand die Pepa wieder in Kraft setzt. Doch dank internationaler Allianzen gelingt es ihm wenig später, im Jahr 1822, das Ruder wieder an sich zu reißen. Ferdinand setzt – welche Ironie – französische Truppen gegen seine Spanier ein. Der spanische Absolutismus wird damit stärker denn je und währt für weitere Jahrzehnte.

Verfassung, Verantwortung

Die Pepa ist eine besondere Verfassung. Sie ist nicht nur einem spanischen Föderalismus verpflichtet. Sie berücksichtigt die Kolonien als dem Mutterland gleichgestellte Gebiete. Rund ein Fünftel der Verfassungsgeber kamen aus Lateinamerika, und den Vertretern dieser Gebiete werden auch Plätze in der Regierung reserviert. Doch das besondere ist ihre Behandlung der Freiheitsrechte.

Sie definiert die spanische Nation als Volk und sagt gleich, die Souveränität liege bei der Nation. Die Gesetzgebung steht den *Cortes* zusammen mit dem König zu. Damit macht die Pepa König Ferdinand VII. zum „König durch die Gnade Gottes und die Verfassung". Die Verfassung sieht das unbedingte Recht auf Freiheit der Person, das Recht auf Eigentum, die Gleichheit vor dem Gesetz, das Recht auf Unverletzlichkeit der Wohnung, die Wirtschaftsfreiheit und die Pressefreiheit vor. Nur in Sachen Religion ist sie anders gelagert. Der katholische Glaube wird zur Staatsreligion erklärt, die Ausübung jeder anderen Religion verboten – auch privat.

Die Pepa ist eine der Freiheit verpflichtete Verfassung. Doch entfalten kann sie sich nicht. Viel zu stark sind die Kräfte der spanischen Reaktion. Das Land verfällt dann 150 Jahren komplizierter – und meist alles andere als liberaler – Geschichte.

Literatur

Kroon, Olaf. Die Verfassung von Cádiz (1812): Spaniens Sprung in die Moderne, gespiegelt an der Verfassung Kurhessens von 1831. De Gruyter, 2019.
Mücke, Ulrich. „Die Verfassung von Cadiz und der spanische Liberalismus im frühen 19. Jahrhundert." Jahrbuch für Geschichte Lateinamerikas 46.1 (2009): 371–382.

Freie Musik – Musik für Freiheit
Ludwig van Beethoven

Ludwig van Beethoven (1770–1827) war kein Revolutionär. Er gehörte zur bürgerlich werdenden höfischen Gesellschaft. Er passte sich und seine Musik ihr an. Begeistert war er jedoch von einer Idee, die ihn sein Leben lang begleitete: der Freiheit. Ihr widmete er seine wichtigsten Werke.

Sie alle gehörten zur gleichen Zeit: Adam Smiths „Wohlstand der Nationen" im Jahr 1776; Immanuel Kants Verbindung von naturwissenschaftlicher Erkenntnis – „der gestirnte Himmel über mir" – mit der Frage nach dem eigenen Tun – „das moralische Gesetz in mir" – im Jahr 1788; und Ludwig van Beethovens Werke. Doch nicht nur das. Sie alle fragen sich, was Freiheit bedeutet und wie der Mensch mit seiner Freiheit umgehen soll.

Unten durch

Freilich waren die drei Herren unterschiedliche Gestalten. Doch auffallend anders war Beethoven. Mit einem viel kleineren Bildungskapital und einem immer wieder gegen null schwindenden Geldkapital hatte er andere Sorgen, als eine Philosophie zu entwickeln. Er musste für seine

H. Schneider, *Freiheit: Stationen einer Idee*,
https://doi.org/10.1007/978-3-658-51604-8_23

Familie aufkommen und die eigenen Krankheiten behandeln lassen. Dafür musste er sich Mäzene suchen und sich ihnen anpassen.

Das gelang ihm auch; er musste sich aber immer wieder dafür verstellen. Zum Beispiel änderte er, als er in Wien ankam, das „van" in seinem Namen, das einer Ortsbezeichnung vorangestellt ist, in ein „von", um den Eindruck zu vermitteln, zum Adelsstand zu gehören. Auch war sich Beethoven nicht zu schade, „Gefälligkeitsstücke" zu komponieren. Nur eines machte er ungerne: kirchliche Musik. Trotz allem beschäftigte ihn die Idee der Freiheit ein Leben lang. Das wird in seinen Werken deutlich.

Begeisterung und Enttäuschung

Beethoven schrieb nicht Bekenntnismusik. Erstens gab es das damals nicht, und zweitens wollte er gar keine Politik machen. Aber er sah seine Kompositionen als Ausdruck seiner Persönlichkeit. Dazu gehörte eine glühende Begeisterung für den Freiheitsgedanken. Wie sein Oeuvre zeigt, gehörten dazu aber auch verschiedene Enttäuschungen darüber, wie der Freiheitsgedanke umgesetzt wurde.

Er war ein Verehrer der Französischen Revolution, bis er einsah, dass im Namen der Freiheit Leute enteignet, vertrieben und getötet werden. Dann begeisterte er sich für Napoleon, bis er einsah, dass auch dieser wenig freiheitlich dachte. Es ist eine der berühmtesten – vielleicht nicht ganz wahren – Anekdoten der Musikgeschichte: Seine dritte Sinfonie wollte Beethoven Napoleon widmen. Als der Franzose sich zum Kaiser krönen liess, war Beethoven so wütend, dass er das Widmungsblatt zerriss. Er nannte sie dann einfach „Eroica". Beethovens Ablehnung Napoleons war so gross, dass er dessen Niederlage in der Völkerschlacht zu Leipzig mit Freude in seiner siebten Sinfonie verewigte.

Sturm und Drang

Aufzubrausen gegen die ständische Ordnung, aber auch die Verletzlichkeit des sich auflehnenden Menschen zu zeigen, ist typisch für die Bewegung des Sturms und Drang. Und so auch typisch für Beethoven. In „Die

Geschöpfe des Prometheus" wird der erste dargestellt, der sich gegen die Götter aufgelehnt und selber freie Menschen erschaffen hat. Doch er ist kein Held. Er ist verletzlich. Sanft und ruhig ist auch die Musik. In der Oper „Fidelio" ist der eigentliche Held eingekerkert. Alleine hat er gar keine Kraft. Es sind die moralische Motivation der Menschen und die Taten der meist unglücklich agierenden Ehefrau des Fidelio, die am Schluss zur sprichwörtlichen „freien Luft" führen.

Ob Goethes Sozialkritik in „Egmont" oder das menschliche Ringen mit dem persönlichen Schicksal in der fünften Sinfonie; ob in der pastoralen sechsten Sinfonie, wo sich Menschen der Zivilisationsfrage stellen, oder in der neunten Sinfonie „Ode an die Freude" – Beethoven ist fasziniert vom Zusammenspiel zwischen Freiheit und Eigenverantwortung. Im Übrigen: Staatliche Strukturen werden meist kritisch betrachtet; schließlich sind sie leicht korrumpierbar und dienen oft der Unterdrückung von Freiheit.

Oben aus

Beethoven gilt als ein Großer der Musik. Er kann auch als ein Großer der Freiheit gelten. Ein lebenslanges Abwägen, was Freiheit ist, wird in seiner Musik gespiegelt. Diese Abwägung ist pragmatisch und verliert sich nicht in Sozialromantik; sie ist auch ehrlich und scheut sich nicht, Fehler zuzugeben. Sie ist aber immer da und hört nicht auf.

„Allein die Freiheit ist der Zweck" – so hatte es Beethoven einmal formuliert. Dass diese Erkenntnis in der Tat Kraft und Mut braucht und den lebendigen Schöpfergeist inspiriert, hat er in seiner Musik festgemacht.

Literatur

Caeyers, Jan. Beethoven: der Einsame Revolutionär: eine Biographie. CH Beck, 2012.
Mathew, Nicholas. Political Beethoven. Cambridge University Press, 2012.

Zwei Beispiele für historische Brexits

Letztlich war die Loslösung vom Kontinent für Großbritannien immer vorteilhaft

Alles regt sich über den Brexit auf. Den einen ist er zu hart, den anderen zu weich, vielen zu chaotisch. Doch die Geschichte legt nahe: Brexits wirkten sich bisher immer zum Vorteil des Vereinigten Königreichs aus.

„Brexits"? Dieser Plural mutet komisch an. Richtig ist er trotzdem: Großbritannien löste sich schon mehrfach von der auf dem Kontinent etablierten Ordnung. Die Gründung der anglikanischen Kirche oder die Kontinentalsperre sind nur zwei Beispiele dafür – sie sind vielleicht nicht einmal die bedeutendsten. Nach jedem Brexit musste das Vereinigte Königreich kurzfristige Probleme hinnehmen. Doch die Art, wie diese Probleme jeweils gelöst wurden, setzte das Fundament für eine Entwicklung, die viel fortschrittlicher ausfiel als auf dem Kontinent.

Die Church of England

Die kirchliche Loslösung von Rom darf nicht nur durch die theologische Brille betrachtet werden. Sie war auch ein Unabhängigkeitsbestreben gegen die Einmischung einer fremden Bürokratie in souveräne Entscheidungen.

© Der/die Autor(en), exklusiv lizenziert an Springer Fachmedien Wiesbaden GmbH, ein Teil von Springer Nature 2026
H. Schneider, *Freiheit: Stationen einer Idee*,
https://doi.org/10.1007/978-3-658-51604-8_24

Der Kirchengründer, König Heinrich VIII. (1491–1547), war nicht nur gläubiger Katholik, sondern setzte sich gegen die Reformation für die Beibehaltung der sieben Sakramente ein. Das Problem mit Rom entstand, als der Papst die Ehe des Königs mit Katharina von Aragón nicht auflösen wollte. Diese Ehe blieb ohne männliche Nachkommen. Deshalb drohte in jener Situation der englische Thron an Aragón zu fallen. (Zynisch könnte man hier eine erste große europäische Umverteilung vermuten).

Im Jahr 1532 löste dann ein Parlamentsbeschluss die Kirche Englands aus der römischen Körperschaft. Danach wurde die fragliche Ehe annulliert, der König konnte wieder heiraten, thronfähigen Nachwuchs erzeugen und die Souveränität des Königreichs sichern. Diese Entscheidung war freilich ein Wagnis. Nicht nur, weil es ungewiss war, ob der Landklerus – immerhin der wichtigste Transmissionsriemen zwischen Volk und Wahlmännern des Königs – sich dem anschließen würde. Sondern auch, weil die Loslösung Roms die automatische Feindschaft der katholischen Welt bedeutete.

Das Empire

Einige Jahrhunderte später wollte Napoleon Großbritannien, wenn nicht zerstören, so doch in den Bankrott treiben. Als bis 1806 alle militärischen Versuche scheiterten, setzte der republikanische Kaiser zu einem Wirtschaftskrieg an. Mit der Kontinentalblockade verbot er den Handel mit London. Damit war die Inselmonarchie von fast allem europäischen Handel ausgeschlossen. Nicht freiwillig, aber es war doch ein Brexit. Damals gingen über 90 % der britischen Exporte an den Kontinent.

Die Antwort der Briten war jedoch von Erfindergeist geprägt. Handelshäuser versuchten sich erfolgreich im Schmuggel, und nicht wenige Handelsmarinen setzten fortan auf das Kapern europäischer Schiffe. Diese Reaktionen waren nur anekdotisch, wenn man sie mit dem politischen Umschwung vergleicht. Wegen des wegfallenden kontinentalen Absatzmarktes setzte das offizielle London noch stärker darauf, Märkte in Nord- und Südamerika sowie in Asien zu öffnen. Es wäre nicht allzu überspitzt, zu behaupten, der englische globale Freihandel habe wegen des Wegfalls des kontinentalen Marktes an Schwung gewonnen.

Natürlich und berechtigterweise mag man nun einwerfen, das Empire sei kein Musterinstrument des Liberalismus. Das mag stimmen, doch es war eine recht ingeniöse Art, mit den Brexit-ähnlichen Knappheitsumständen umzugehen. Und auf jeden Fall war es eine intelligentere Art, als sich der Macht auf dem Kontinent zu ergeben.

Knappheit und Zusammenhalt

In beiden Fällen – und in den zahlreichen anderen Brexit-Vorkommnissen – stechen zwei Elemente der britischen Lösung hervor. Alles Ausscheren führte zu Knappheit. Doch statt sich ihr zu ergeben, nahm man sie als Ansporn auf, etwas Neues zu wagen. Im Falle der Knappheit an Sicherheit nach der kirchlichen Loslösung setzte man auf eine Kirche, die national und kollegial regiert wurde. Im Falle der Knappheit der Märkte nach der Kontinentalsperre setzte man auf die Ausdehnung der außereuropäischen Märkte.

Die Knappheit alleine genügt jedoch nicht. In beiden Fällen war der Zusammenhalt wichtig. Er beruhte auf der Aussicht, dass die meisten Betroffenen von der Situation profitieren konnten und sich deshalb dem Knappheitsproblem stellen sollten. Die kollegiale Kirche bedeutete den Einbezug der Bevölkerung; und der Freihandel bedeutete eine Aufstiegsmöglichkeit für alle. Angesichts dieser langfristigen Erfolgsversprechen war man auch bereit, kurzfristige Herausforderungen anzupacken.

Natürlich sagt die Vergangenheit nichts über die Zukunft aus. Allerdings ist es interessant, wie Großbritannien langfristig aus jeder Brexit-ähnlichen Situation Vorteile erwuchsen – dank des bewussten Umgangs mit dem Knappheitsproblem und dem großen Zusammenhalt bei der Lösungsfindung.

Literatur

Aaslestad, Katherine, und Johan Joor. Revisiting Napoleon's Continental System: Local, Regional and European Experiences. Palgrave Macmillan, 2015.
Picton, Hervé. A Short History of the Church of England: from the Reformation to the Present Day. Cambridge Scholars Publishing, 2015.

Laissez-faire, Föderalismus, (zu viel) Pragmatismus

Die beiden Gesichter der *Jacksonian Democracy*

Die ersten Jahrzehnte nach der Gründung der Vereinigten Staaten von Amerika waren hart. Verschiedene liberale Vorstellungen koexistierten mit krudem Opportunismus und Partikularismus. Für die Freiheit der Menschen musste noch gekämpft werden. Andrew Jackson (1767–1845), der siebte Präsident der USA, setzte eine Bewegung in Gang, die diesen Kampf aufnahm.

Die sogenannte *Jacksonian Democracy* geht auf eine Gruppe von Politikern zurück. Einige waren Gründerväter, andere nicht. Einige hatten eine Hochschulbildung, andere nicht. Zu ihnen gehören etwa Andrew Jackson (siebter Präsident der USA), Martin Van Buren (1782–1862, achter Präsident der USA), James K. Polk (1795–1849, elfter Präsident der USA) oder Thomas Hart Benton (1782–1858, einer der größten Befürworter der goldgebundenen Währung und des Goldes als einziger Währung).

Die *Jacksonian Democracy* prägte die gesamte Geschichte der USA bis zum Bürgerkrieg. Während sie auf der einen Seite die Freiheit des Indivi-

© Der/die Autor(en), exklusiv lizenziert an Springer Fachmedien Wiesbaden GmbH, ein Teil von Springer Nature 2026
H. Schneider, *Freiheit: Stationen einer Idee*,
https://doi.org/10.1007/978-3-658-51604-8_25

duums ausdehnen, die Wirtschaft befreien und den Föderalismus stärken wollte, degenerierte sie auf der anderen Seite schnell. Denn sie legte die Grundlage für Zentralisierung und für die Stärkung des Präsidenten. Aus der *Jacksonian Democracy* ist auch die heutige Demokratische Partei mit ihrer eigentümlichen Version der Sozialdemokratie entsprungen. Präsident Lincoln „rettete" die Werte Jacksons und transferierte sie in „seine" Republikanische Partei.

The common man

In den Köpfen der meisten Gründerväter der USA war die neue Nation ein Land von agrarischen Grundbesitzern. George Washington (1732–1799) lebte geradezu dieses Ideal vor. Thomas Jefferson (1743–1826) und James Madison (1751–1836) machten den freien Bauern zum Archetyp des Amerikaners. Während sie klug genug waren, die Produzenten und Händler des Nordostens nicht auszuschließen, war es ihnen immer klar: Die USA waren für den *yeoman farmer*, den freien Bauern, gemacht. Und so war auch die Demokratie im Land konzipiert. Neben den grundbesitzenden Bauern hatten nur reiche Städter Stimmrecht.

Und dann kam Jackson. Die Wahl Andrew Jacksons als Präsident bedeutete einen Bruch mit der Vergangenheit. Jackson stammte nicht aus der groß-agrarischen Gründerelite der USA, sondern vertrat die kleinbürgerlichen Interessen der neuen Immigranten. Zwar kämpfte er noch im Unabhängigkeitskrieg als Zwei-Sterne-General, doch schon sein Nachfolger Van Buren war weder reich noch militärisch tätig, noch sprach er Englisch als Muttersprache.

Jackson und Van Buren sowie jene Abgeordneten, die man als *Jacksonian* bezeichnen sollte, setzten auf die Verbreitung der demokratischen Grundrechte auf alle mündigen weißen Männer. Van Buren prägte den Spruch: „Wer Steuern bezahlen muss, soll auch wählen dürfen." Und James Polk setzte eins obendrauf – heute gilt das als populistisch: „Ein paar Leute in der Hauptstadt können das Geld auch nicht besser verwalten, als *the common man* es kann."

Wirtschaft und Föderalismus

Jackson und seine Nachfolger erkannten auch etwas anderes: Würden sie die Zölle senken, koloniale Regulierung abbauen und möglichst viele Aktivität in privaten Händen lassen, wäre das gut für die Wirtschaft. Laissez-faire wurde zum Glaubensbekenntnis der frühen *Jacksonians*. Sie weigerten sich, seitens der Bundesregierung Infrastruktur zu bauen. Das sollten Private tun. Sie weigerten sich, die Wirtschaft etwa mit Gesetzen über das Messwesen oder mit Erlassen zum bürgerlichen Recht oder gar mit Zunft- und Gildepflichten einzuschränken. Das sollten privatrechtliche Verträge leisten. Und vor allem weigerten sie sich, eine Zentralbank aufzubauen.

Das Gegenteil war der Fall. Als der Kongress eine solche ins Leben rufen wollte, kam Jackson mit einem Veto. Und seine Nachfolger drohten mit dem gleichen Mittel umzugehen. Van Buren war eher bereit, eine Depression zu erdulden, als die Wirtschaft mit Billig-Geld einer Zentralbank aufzupumpen. Für *Jacksonians* war klar: Nationalbanken sind gut für Privatbanken und Risiken für die Steuerzahler.

Doch waren die *Jacksonians* auch der passiven Außen- und Militärpolitik sowie dem Föderalismus – in der heutigen Bedeutung – verpflichtet. In jener Zeit bedeutete Föderalismus nämlich, dass der Föderalstaat, die Bundesregierung also, den Staaten Kompetenzen wegnimmt. Jackson war der Meinung, die Bundesregierung dürfe auf keinen Fall in die Kompetenzen der Staaten intervenieren. Nicht einmal im Notfall.

Des Guten zu viel

Doch die *Jacksonian Democracy* hatte auch Schattenseiten. Von Anfang an war es schwer, gegen Opportunisten und Partikularinteressen – vor allem der Agrarier – anzutreten. Immer mehr setzten die *Jacksonians* auf eigene Freunde in der Verwaltung. Daraus entstand das *spoils system*, das bis heute gilt. Wer einen Politiker unterstützt, kann erwarten, in ein Amt gehievt zu werden. Damit konnte man die eigenen Forderungen besser durchbringen, aber der Preis war hoch. Der Staat wurde kartelliert. Und überhaupt: Die *Jacksonian Democracy* brauchte einen starken Präsidenten. Damit wurden mit der Zeit Präsident und Verwaltung zum Teil der Elite, die Jackson, Van Buren und Polk einst bekämpften.

Jackson und seine Nachfolger wussten, dass alle Menschen gleich sind. Trotzdem taten sie nichts gegen die Sklaverei. Und Jackson selber schien nur wenige Sympathien für die Indianer gehabt zu haben. Auch in der Frage des Verhältnisses zu den Staaten klafften Prinzipien und Wirklichkeit auseinander. Als South Carolina sich weigerte, ein Zollgesetz des Bundes umzusetzen, drohte Jackson mit Krieg. Polk glaubte, neuen Staaten rechtliche Vorgaben machen zu müssen.

Die *Jacksonians* hatten hehre Ziele: Demokratie, Laissez-faire, Föderalismus und Anti-Elitismus. Um diese Ziele umzusetzen, setzten sie auf Pragmatismus, auf die Kooptation der Verwaltung und auf kluge politische Taktik. Auf der anderen Seite waren sie so pragmatisch, dass mit der Zeit die guten Ziele in den Hintergrund traten und der kartellierte Staat dafür in den Vordergrund ihrer Politik. Bis Lincoln kam.

Fazit: Die Menschen und die Wirtschaft wurden zwar freier, aber dafür wuchsen Elite und Staat.

Literatur

Barney, William. A Companion to 19th-Century America. John Wiley & Sons, 2008.

Lynn, Joshua A. Preserving the White Man's Republic: Jacksonian Democracy, Race, and the Transformation of American Conservatism. University of Virginia Press, 2019.

Der Freisinn, ein libertärer Stoßtrupp
Alles andere als friedliebend

Auf Deutsch braucht es das englischstämmige Wort „libertär" gar nicht – „Freisinn" genügt vollends. Diese Variante des Liberalismus im 19. Jahrhundert war nicht nur radikal. Sie scheute nicht vor der Revolution zurück. Wenn es je einen Stoßtrupp des Liberalismus gab, dann war dies der Freisinn.

Die Schweiz des frühen 19. Jahrhunderts war tief gespalten. Einerseits wollten einige die Wiederherstellung der vornapoleonischen Ordnung. Andererseits liebäugelten die katholischen Orte (Kantone) mit einem Bruch mit den Reformierten. In dieser restaurativen Phase sollte aber eine dritte Kraft entstehen und letztlich obsiegen, der Liberalismus.

Nun war der Schweizer Liberalismus eigentlich eine Sammlung von lokalen Liberalismen. Einerseits gab es den Institutionen-orientierten „Radikalismus" französischer Prägung, der einen ausgebauten Zentralstaat und eine professionelle Verwaltung wollte. Andererseits gab es den gediegenen „Liberalismus" der Industriellen, die vor allem an Wirtschaftsfreiheit und an der Eigentumsgarantie interessiert waren.

© Der/die Autor(en), exklusiv lizenziert an Springer Fachmedien Wiesbaden GmbH, ein Teil von Springer Nature 2026
H. Schneider, *Freiheit: Stationen einer Idee*,
https://doi.org/10.1007/978-3-658-51604-8_26

Volksrechte gegen Machtballung

Der „Freisinn" zweifelte weder an den Institutionen noch an der Eigentumsgarantie. Doch er stellte die Volksrechte in den Mittelpunkt. Seine Überlegung: Wo Institutionen sind, da tendieren sie zur eigenen Machtpolitik. Und Eigentumsgarantie ist nichts wert, wenn sie toter Buchstabe bleibt. Für die „Freisinnigen" war es keine Frage: Sie wollten den (neuen) Schweizer Staat. Doch sie waren sich seiner Gefahren bewusst. Das einzige Gegenmittel gegen staatliche Machtballung war die Volkssouveränität mittels der direkten Demokratie.

Der „Freisinn" war in den industrialisierten Landkantonen wichtig. In Solothurn, im Aargau oder etwa in Basel-Landschaft wurde er schnell zur stärksten politischen Kraft. In diesen Kantonen gelang es „freisinnigen" Persönlichkeiten, alte Verfassungen und Machtkonfigurationen zu brechen. Dort organisierte sich eine breite Basisbewegung, die bereit war, für Freiheit zu kämpfen. Diese geografische Mitte diente dem „Freisinn" auch, um Operationen in die katholische Innerschweiz zu lancieren.

Gewalt gegen Herrschaft

Das Wort „Operationen" ist richtig gewählt. Es erinnert bewusst an das Militärische. Denn der „Freisinn" war alles andere als friedliebend. In den Jahren 1810 bis 1814 fanden mehrere „freisinnige" Putschversuche statt. Verschiedene Personen, die später in der Schweiz Exekutivämter bekleiden sollten, nahmen an ihnen teil und wurden sogar – nach dem jeweiligen Scheitern – ins Exil geschickt. Später organisierten „Freisinnige" um 1844/1845 Freischarenzüge gegen die katholischen Orte der Schweiz – und provozierten damit den Sonderbundskrieg im Jahr 1847. Der „Freisinn" scheute auch nicht davor zurück, zu Straßenschlachten aufzurufen und sie auch zu führen, etwa in Glarus oder Basel-Stadt.

Dort, wo sie an die Macht gelangten, setzten „Freisinnige" Bürgermilizen gegen den alten Polizeistaat ein, inhaftierten Mitglieder der ehemaligen Obrigkeit und verhängten Kloster- und Jesuitenverbote.

Andererseits waren „Freisinnige" darauf bedacht, allen Menschen gleiche Verfahrensrechte einzuräumen und die Eigentumsgarantie hochzuhalten – sogar für die ehemalig Hochwohlgeborenen und ihre Polizisten, außer für Klöster.

Differenzierung gegen Elite

Doch es dauerte nicht lange, bis sich auch der „Freisinn" setzte. Mit der Konsolidierung seiner politisch und auf der Straße erkämpften Position mäßigten sich viele „freisinnige" Persönlichkeiten. Statt weiter für die Freiheit zu kämpfen, wurden alte Kämpen zu Verwaltern. Das passte der „freisinnigen" Basis nicht. Und prompt setzte die innere Differenzierung ein.

Mit der Verfassung der Schweizerischen Eidgenossenschaft im Jahr 1848 waren noch viele „freisinnige" Anliegen nicht erfüllt, etwa: flächendeckende direkte Demokratie, jederzeitige Abwahl von Volksvertretern, Abschaffung der nicht-lokalen direkten Besteuerung, Gleichbehandlung aller vermögenden Männer. Um diese zu verwirklichen, setzte ein interner Differenzierungsprozess ein. In Teilen war er erfolgreich – Gleichbehandlung, direkte Demokratie – in Teilen nicht – Besteuerung, Abwahl. Auf jeden Fall setzte die „freisinnige" Basis die eigene Elite unter Druck und wechselte sie auch aus.

Kraft gegen Vornehmheit

Vornehme Zurückhaltung war nicht die Sache des „Freisinns". Im Vergleich dazu sind heutige „Libertäre" in den USA eine recht zahme Gruppe. Der „Freisinn" wollte aber gar nicht zahm oder sogar elegant sein. Auch wenn viele seiner Taten ethisch tadelnswert waren (und sind), dienten sie dem Zweck, den Menschen in einer Umbruchsituation zu helfen. So waren die Ideen und Operationen des „Freisinns" auch von einer breiten Basis getragen. Anders gesagt: Der „Freisinn" war eine und die erste Basisbewegung.

Der „Freisinn" wollte der Stachel im Fleisch des Schweizer Liberalismus und der Schweizer Eidgenossenschaft sein. Er wollte mahnen, nicht die alte Ordnung durch eine neue zu ersetzen. Sein Anliegen und seine Kraft waren etwas anderes: die Freiheit. Der „Freisinn" verstand die Freiheit nicht als eine Funktion der staatlichen oder rechtlichen Institutionen, sondern als Kampf, der im Alltag zu führen ist.

Als Schweizer mag man sich heute fragen, wo der Geist des „Freisinns" geblieben ist.

Literatur

Lang, Josef, and Pirmin Meier. Kulturkampf: die Schweiz des 19. Jahrhunderts im Spiegel von heute. Hier und Jetzt, Verlag für Kultur und Geschichte, 2016.
Pfister, Benedikt. Für Freiheit kämpfen: die Geschichte des Basler Freisinns. Christoph Merian Verlag, 2019.

Liberale Werte
Toleranz und Subsidiarität früher und heute

Individualität, Freiheit und Selbstverantwortung sind wie Fanale im Kanon liberaler Werte. Ihnen untergeordnet werden Toleranz und Subsidiarität. Das bedeutet aber nicht, diese seien nicht wichtig. Ganz im Gegenteil. In Zeiten wie den jetzigen sind sie vielleicht operativ wertvoller als die anderen.

Mit der Zeit verändern Wörter ihre Bedeutung. Diesen Wandel haben „Toleranz" und „Subsidiarität" stark durchgemacht. Obschon beide ihren Ursprung in den liberalen Philosophien des 18. und 19. Jahrhunderts fanden, werden sie heute anders gebraucht. „Toleranz", zum Beispiel, meinte die Anerkennung anderer Überzeugungen, Handlungsweisungen und/oder Sitten. Und „Subsidiarität" bedeutete die Selbstentfaltung des Individuums oder der freiwillig gebildeten Gruppe.

Heute ist Toleranz eine von oben aufgedrückte Maxime, die besagen will, welche Lebensweisen „gestattet" sind. Und auch die Subsidiarität mutierte zu einem verwaltungsrechtlichen Prinzip. Sie ist die Handlungsautonomie der regionalen oder kleinen Gruppen in einer vom übergeordneten Staat definierten Art und Weise. Also machten beide nicht nur einen Bedeutungswandel mit. Vielmehr wurden ihre Bedeutungen umgekehrt.

H. Schneider, *Freiheit: Stationen einer Idee*,
https://doi.org/10.1007/978-3-658-51604-8_27

Toleranz und ihre Feinde

Ob im antiken Griechenland oder bei den Kelten: Die meisten europäischen Kulturen setzen auf eine jeweils richtige Denke – Orthodoxie – und eine jeweils richtige Handlung – Orthografie. Selbst als einige Freiheitsideen in der Spätantike und im Mittelalter die Runde machten, bezogen sie sich auf die Freiheit der Gruppe und nicht des Einzelnen. Das galt zum Beispiel bei der Reformation. Ganze Landstriche mussten dem regionalen Adligen im Konfessionsentscheid folgen. Und selbst bei den bürgerlichen Revolutionen: Wer nicht parierte, starb.

Erst spät tauchte die Toleranz als Wert auf, und erst später wurde diese Tugend mit dem Individuum verbunden. In ihrem ursprünglichen Sinne ist sie eine logische Folgerung aus Individualität und Freiheit. Das Individuum kann so denken und handeln, wie es will. Kein anderes Individuum kann den Anspruch haben, die Denke und Handlungen anderer zu be- oder verurteilen.

Doch schon die ersten Toleranztheoretiker waren bereit, zuzugestehen, Toleranz sei nicht unendlich. John Locke meinte etwa, dass man Katholiken nicht akzeptieren sollte. Toleranz galt für ihn auch nicht gegenüber Atheisten. Der krasseste Gegner der Toleranz – und jener, der den Begriff auf den Kopf stellte – war Jean-Jacques Rousseau. Für ihn war die Toleranz die Bandbreite dessen, was aufgrund eines Gesellschaftsvertrages definiert wird. Der Gesellschaftsvertrag sollte freilich von Eliten formuliert und zwischen Eliten abgeschlossen werden. Toleranz wurde also zur Handlungsanweisung.

Subsidiarität und ihre Opportunisten

Die liberale Antwort auf die Grenzen der Toleranz ist die Verantwortung – und mit ihr die Subsidiarität. Für den Liberalismus ist es klar: Das in Freiheit handelnde Individuum ist für seine Taten verantwortlich. Was es nicht alleine lösen kann oder will, kann es in einer freiwilligen Vergesellschaftung tun. Doch die freiwillige Vergesellschaftung gelingt nur, wenn gewisse Grundvorstellungen entwickelt und geteilt werden.

Also ist die Subsidiarität, das heißt die Verantwortung für sich und für die freiwillig eingegangene Vergesellschaftung, der Prozess, durch den gemeinsame Werte entstehen. Eine Einschränkung der Toleranz ist also nicht nötig. Nötig ist der freie Austausch von Ideen, der den Prozess der Wertfindung und -entwicklung vorwärtsbringt.

Doch auch die Subsidiarität ist von nationalstaatlichen Strukturen gekapert worden. Heute meint sie eine vom Zentralstaat „geliehene" Freiheit für die Selbstorganisation. Schlimmer noch: Oft geht die Selbstorganisation eine Kollusion mit dem Zentralstaat ein. Man betrachte als Beispiel Gemeindeordnungen, die viel restriktiver und invasiver regulieren, als der Staat es verlangt. Oder man betrachte auch die Selbstorganisationen der Wirtschaft, etwa die Kammern mit Pflichtmitgliedschaft. Nicht selten sind diese staatlicher als der Staat. Und sie stehen alle im Zeichen der Subsidiarität.

Aktueller denn je

Dabei sind Toleranz und Subsidiarität als Werte aktueller denn je – gerade aus liberaler Perspektive. Die fortwährende Einschränkung der Meinungsfreiheit und auch der Eigentumsgarantie fordert Liberale geradezu auf, mehr für Toleranz zu tun. Und die fortschreitende Kollektivierung der Gesellschaft macht es nötig, auf die Subsidiarität als Selbstbestimmungsrecht zu pochen.

Liberale dürfen die Usurpation der liberalen Begriffe nicht dulden, denn sie führt zur Usurpation liberaler Werte. Oder, wie Theodor Fontane es formulierte: Ignorieren des Zeitgeistes ist noch keine Toleranz.

Literatur

Forst, Rainer. Toleranz: philosophische Grundlagen und gesellschaftliche Praxis einer umstrittenen Tugend. Campus Verlag, 2000.
Waschkuhn, Arno. Was ist Subsidiarität?: Ein sozialphilosophisches Ordnungsprinzip: Von Thomas von Aquin bis zur „Civil Society". Springer, 2013.

Die Besiedelung der kanadischen Prärie
Ein besseres Leben durch Nicht-Intervention des Staates

Am Anfang war der Staat. Die Besiedlung der kanadischen Prärie wurde durch eine staatliche Intervention begünstigt. Aber funktioniert hat sie nur, weil sich der Staat weiterer Interventionen enthielt.

Im Jahr 1872 wurde in Kanada „An Act Respecting the Public Lands of the Dominion", im Volksmund auch *Homestead Act* erlassen. Das Gesetz, angelehnt an das US-amerikanische Modell aus dem Jahr 1862, sah vor: Jeder Mann über 21 Jahre – und jede Frau, die einem Haushalt vorstand – konnte bis 160 Acres Land (ein Acre entspricht grob 4047 m²) sein Eigen nennen und es als Eigentum eintragen. Bei erfolgreicher Bewirtschaftung konnte die Landfläche verdoppelt werden.

Kosten entstanden außer der kleinen Eigentumseintragungsgebühr von zehn Dollar keine. Nur zwei Bedingungen mussten erfüllt werden. Das Land musste bearbeitet werden, und der Eigentümer musste das Land bewohnen. Das Gesetz galt in den (heutigen) Provinzen Alberta, Saskatchewan, Manitoba und in den Territorien des Nordwestens.

Einerseits wollte das Gesetz die landwirtschaftliche Produktion erhöhen. Andererseits wollte es auch die Prärie besiedeln, um US-amerikanische

© Der/die Autor(en), exklusiv lizenziert an Springer Fachmedien Wiesbaden GmbH, ein Teil von Springer Nature 2026
H. Schneider, *Freiheit: Stationen einer Idee*,
https://doi.org/10.1007/978-3-658-51604-8_28

Landnahme-Gelüste einzudämmen. Kritiker unterstellen dem Gesetz noch ein drittes Ziel, nämlich, die Indianer weiter in den Norden zu vertreiben. Das ist jedoch eher unwahrscheinlich, weil dem Gesetz langwierige Verhandlungen mit den wichtigsten Stämmen vorangegangen sind.

Bauer, Bandit, Pazifist

Der *Homestead Act* hat anfänglich nicht viele Leute angezogen; erst gegen Ende des Jahrhunderts kam es zur großen Besiedelung. Die ersten Siedler waren meist verarmte Bauern oder Pazifisten aus Europa oder gar Banditen aus der Neuen Welt, die nach absolvierter Strafe an der Küste keine Bleibe fanden. Trotz dieses Mixes an Menschen – oder vielleicht gerade deswegen – kam es zum Aufschwung in der Prärie.

Diese ersten Einwanderer hätten woanders die unterste Schicht der Gesellschaft gebildet – ohne Chance und ohne Aussichten. Aber der *Homestead Act* gab ihnen eine Grundlage und keine Hilfe, aus der Grundlage etwas zu machen. Das ist ganz wichtig. Denn mit dieser geschaffenen Knappheit waren die Siedler auf sich allein gestellt. Ganz konkret mussten sie ihre Produktivität steigern und unternehmerisch handeln. Für die meisten war dies das erste Mal, dass sie ihr Leben selbst in die Hand nehmen mussten.

Zwar ist nicht jeder gleich erfolgreich gewesen. Und natürlich scheiterten auch viele. Doch die Anzahl der prosperierenden Siedler war überproportional höher als in Europa, anderen Regionen Kanadas und sogar den USA. Es ist schwer, die Gründe dafür auszumachen. Aber naheliegende Kandidaten sind da. Die Aussicht, bei Erfolg das Land verdoppeln zu können, war sicher einer der großen Treiber. Ebenso positiv hat die Abwesenheit jeglicher staatlichen Förderung und Intervention bei gleichzeitiger Einbettung in gesellschaftliche Strukturen gewirkt.

Denn die Siedler bildeten primär religiöse, sekundär sprachliche Gemeinschaften – deutschsprachig lutherisch, deutschsprachig katholisch, englischsprachig methodistisch, und so weiter. Sie erledigten ihre Anliegen in diesen Gemeinschaften und buhlten um die Führungspositionen darin. Eine Voraussetzung für letztere war der ökonomische Erfolg.

Kirche, Schule, Laden

In diesen Siedlungen fehlte der Staat vollends. Alles war privat: ob Kirche, Schule oder Straßen. In den Gemeinschaften organisierten sich die Siedler selbst, um die gemeinsamen Infrastrukturen und Dienstleistungen zu erbringen oder zu finanzieren. In der Gemeinde „Neudorf" beispielsweise wurde der erste Polizist erst im Jahr 1918 – dem Jahr, in dem der *Homestead Act* auslief – gesichtet.

Interessanterweise taten sich in diesen Gemeinschaften auch sonderbare Chancen auf. Weil praktisch alle männlichen Arbeitskräfte mit der Bodenbearbeitung beschäftigt waren, hatten Frauen einen erhöhten Spielraum. Sie waren auf den Märkten – zum Verkaufen überschüssiger Produktion – übervertreten. Sogar die Mehrheit der Einzelhandelsgeschäfte gehörte Frauen. Überproportional viele Frauen waren tätig als Ärztinnen, und, als es damit anfing, als Gastwirtinnen und Hoteliers.

Wegen dieser Zusammensetzung der Gemeinschaft waren Frauen auch politisch viel wichtiger als anderswo. Es war nicht unüblich, dass die Ladenbesitzerin und Ärztin am Tisch mit dem Seelsorger und den reichen Bauern saßen, um die Anliegen der Gemeinschaft zu besprechen. Schließlich waren sie ja erfolgreich und Knotenpunkte für den Informationsfluss.

Selbstverständlich war nicht alles Idylle. Ob wegen des Klimas, des Ortes, der Arbeit oder der einzigartigen Konstellation der Menschen: Es gab Siedler, die scheiterten; es gab Alkoholismus; es gab Machtmissbrauch und es gab Kriminalität. Doch alles das gab es woanders auch – und aufgrund der hohen Anzahl an Pazifisten unter den Siedlern kam es in der Prärie zu weniger Gewalttaten.

Knappheit schaffen

Kanada hatte wohl verschiedene Ziele, als der *Homestead Act* geschaffen wurde. Warum der Staat nach der Schaffung des Gesetzes nicht mehr intervenierte, ist bis heute unklar. Ein möglicher Grund ist die Wirtschaftskrise, die Kanada in den 70er- und 80er-Jahren des 19. Jahrhunderts durchmachte. Ein anderer Grund ist wohl, dass die Staatskassen leer waren. Es kann auch sein, dass die Staatsmonopolisten Eisenbahn und Hudson Bay andere staatlichen Stellen davon abhielten, in „ihr" Territorium einzudringen.

Unabhängig vom Grund der Nicht-Intervention: Sie hat sich gelohnt. Die einzigartige Kombination von Knappheit, Freiheit und Eigentumsgarantie hat das Leben Tausender Menschen besser gemacht, ja sogar erfüllt. Das ist die Lektion: Wo Verantwortung im Vordergrund steht, dort gedeihen Gemeinschaften.

Literatur

Conrad, Margaret. A Concise History of Canada. Cambridge University Press, 2022.
Edwards, Richard, Jacob K. Friefeld, und Rebecca S. Wingo. Homesteading the Plains: Toward a New History. University of Nebraska Press, 2017.

Die Mirdita: Freiheit, aber anders

Den Anschluss an das 20. Jahrhundert verpasst

Vom liberalen Standpunkt wird Freiheit meist mit der individuellen Selbstbestimmung zusammengebracht. Aber die Geschichte zeigt: Freiheit geht auch anders. Die Stammeskonföderation der Mirdita ist ein eindrückliches Beispiel dafür.

Zwischen dem 13. und 15. Jahrhundert sah sich jene Landschaft, die heute „Balkan" genannt wird, mit grossen Umwälzungen konfrontiert. Zunächst brach das Byzantinische Reich zusammen. Dann vermochte auch das Serbische Königreich und Zarentum der Nemanjiden nicht von Bestand zu sein. Und die Feldzüge der Osmanen dauerten sehr lange. In diesem Zeitraum, geprägt von Chaos und Krieg, zogen immer mehr Menschen von den Niederungen in die Berge.

Dort gab es zwar Sicherheit vor den Feldzügen. Aber neue Herausforderungen taten sich auf. Die Ressourcen waren knapp. Der Zustrom von immer mehr Leuten verschärfte diese Verknappung. Als Antwort darauf und als ordnungsstiftendes Moment verbreitete sich eine besondere Form der Organisation in den südosteuropäischen Bergen, Verwandtschaftsverbände und Abstammungsgemeinschaften.

H. Schneider, *Freiheit: Stationen einer Idee*,
https://doi.org/10.1007/978-3-658-51604-8_29

Die Ordnung der Berge

In den Gebieten des heutigen Montenegro, Albanien, Serbien und Kosovo etablierten sich Verbände, die verallgemeinernd „Stämme" genannt werden. Die Ordnung, die sich dort um das 16. Jahrhundert etablierte, galt bis zum 20. Jahrhundert. Freilich konnte sie sich so lange halten, weil sie dynamisch genug war, um sich den sich verändernden Verhältnissen anzupassen – zumindest für eine gewisse Zeit.

Diese Ordnung hat aber vor allem die relative Freiheit der Berge garantiert. Das Osmanische Reich konnte keine Handhabe über die Menschen in schwer zugänglichen Gebieten etablieren. So fand es eine pragmatische Lösung: Solange die Bergler den Sultan als Oberhaupt anerkannten, blieben sie sich selbst überlassen. Selbst von der Steuer waren die meisten „Stämme" befreit. Mit der Zeit wurden sie jedoch mehr und mehr ins Reichsgeschehen eingebunden.

Im Innerverhältnis etablierten sich Rechtsvorstellungen, die die Ressourcenknappheit spiegelten. Privateigentum – definiert als das kollektive Eigentum eines Haushalts – war heilig. Leichteste Verletzungen wurden mit dem Tod geahndet. Richtergremien waren Räte, meist Ältestenräte. Und die Allmende – wo sie notwendig war – wurde mit Argusaugen bewacht.

Mächtige Konföderation

In dieser abwegigen Bergwelt tat sich vor allem ein Netzwerk von Abstammungsgemeinschaften hervor, die Mirdita. Wegen ihres Charakters als Genossenschaft von „Stämmen" konnten die Mirditen schneller politische Ressourcen mobilisieren. Das führte zu einer Akkumulation von Sozialkapital. Schon bald beanspruchten die Mirditen die Führung in den Bergen. Nicht lange ging es, bis sie auch die Deutungshoheit über das tradierte Recht für sich behaupteten. Das Haus der Gjonmarku wurde zum Ordnungszentrum der (mittlerweile?) albanisch-sprachigen Bergwelt.

Auch die üblichen Zeichen der Würde ließen sich die römisch-katholischen Mirditen geben. In Orosh, am Sitz der Gjonmarku, wurde eine Abtei mit einem Abtbischof installiert. Als die Mirditen eine Annäherung an den Sultan suchten, wurde der Anführer der Gjonmarku zum osmanischen *Kapedan* (Häuptling, Kapitän). Seit mindestens dem Ende des 17. Jahrhunderts stellten die Mirditen Truppen für den Sultan zur Verfügung – gegen Bezahlung, was eigentlich nach dem Verständnis der Osmanen nicht möglich war.

Allerdings waren die Beziehungen zwischen dem Reich und den Mirditen nicht immer harmonisch. Insbesondere im 19. Jahrhundert, als das Reich versuchte, zentraler zu regieren, leisteten die Bergler großen Widerstand. Die Auseinandersetzungen zwischen ihnen sowie den anderen albanisch-sprachigen und slawischsprachigen „Stämmen" nahmen zu. Zuletzt erstarrte das tradierte Recht immer mehr und verunmöglichte eine Anpassung an die Neuerungen. Zu diesen Neuerungen gehörten etwa das Aufkommen des Nationalstaates, die Einführung der Manufakturproduktion, oder auch nur das Aufblühen der Städte in den Niederungen.

Gescheiterte Republik

Die Mirditen verteidigten ihre althergebrachte Freiheit so stark, dass sie den Anschluss an das 20. Jahrhundert verpassten. Sowohl das Ende des Osmanischen Reichs als auch die Institution eines unabhängigen Albaniens überraschten sie. Im Ersten Weltkrieg agierten sie ahnungslos lavierend zwischen wechselvollen Allianzen. Die Mirditen sandten Truppen zur Unterstützung der österreichisch-ungarischen Doppelmonarchie, als diese schon lange aufgehoben war.

Nach dem Ersten Weltkrieg kam es in der Mirdita zu einem inneren Machtkampf. Die Gjonmarku konnten keinen Nachfolger des *Kapedans* stellen. Ein unbeliebtes und enterbtes Mitglied der Familie ergriff die Gelegenheit, eine eigenständige „Republik Mirdita" auszurufen. Jugoslawien finanzierte das Unterfangen, um Albanien zu destabilisieren. Als es dann hart auf hart kam, anerkannte nicht einmal Jugoslawien die Bergrepublik. Dieses Scheitern ermöglichte es dem albanischen Staat, erstmals in der Geschichte die Bergler zu unterwerfen. Die Mirditen erklärten dann ihre Loyalität zur albanischen Regierung unter Ahmet Zogu, der später zum König der Albaner werden sollte.

Zwar versuchte die Konföderation immer wieder, ihre althergebrachte Unabhängigkeit zurückzuerlangen. Sie scheute nicht einmal vor problematischen Allianzen mit Faschisten und Nationalsozialisten zurück. Spätestens unter der kommunistischen Regierung des Enver Hoxha wurde die Mirdita jedoch wörtlich auseinandergenommen. Heute gibt es dort keine Abtei mehr; die Familie Gjonmarku ist aufgelöst, und selbst der einstige Hauptsitz, Orosh, ist schon wieder von der Natur eingenommen.

Literatur

Schwandner-Sievers, Stephanie, und Bernd Jürgen Fischer. Albanian Identities: Myth and History. Indiana University Press, 2002.
Vickers, Miranda. The Albanians: A Modern History. Bloomsbury Publishing, 2011.

Brasilien – einst liberal und erfolgreich
Unter Peter II. war das Land vom Liberalismus geprägt

Brasilien ist heute ein kaputtes Land. Was sich einst das Land der Zukunft nannte, verharrt im Kollektivismus des 20. Jahrhunderts. Doch noch früher war Brasilien anders. Während der Herrschaft von Peter II. und geprägt vom Liberalismus war es erfolgreich und relativ frei.

Der Blick auf Brasilien heute ist ernüchternd: Die eine Hälfte der Bevölkerung lebt von Subventionen, ist deshalb arm und bevorzugt den syndikalen Sozialismus. Die Leistungsträger wollen eine autoritäre Politik, die Privilegien verteilt. Parteien aller Sorten werden um einzelne Figuren gebildet und um Pfründen zu verteilen. Programme haben sie keine. Dafür grassiert Korruption auf allen Stufen. Das Land scheint keine Perspektive zu haben.

Dabei gab es eine Periode in der brasilianischen Geschichte, die sowohl als liberal als auch als erfolgreich gelten kann, also das komplette Gegenteil von heute. Es handelt sich um die Zweite Herrschaft unter Kaiser Peter II. (1825–1891) von 1840 bis 1889. Während in der Ersten Herrschaft Kaiser Peter I. in der Art eines aufgeklärten Absolutisten regieren wollte (was ihm kaum gelang), entwickelte sich das politische System unter dem zweiten Kaiser in ein Vier-Kräfte-Modell, so wie es Henri-Benjamin Constant de Rebecque (1767–1830) einst vorgeschlagen hatte.

© Der/die Autor(en), exklusiv lizenziert an Springer Fachmedien Wiesbaden GmbH, ein Teil von Springer Nature 2026
H. Schneider, *Freiheit: Stationen einer Idee*,
https://doi.org/10.1007/978-3-658-51604-8_30

Ausgleich und Moderation

In diesem Modell verfügt der Staat als politische Entität über eine gesetzgebende, eine ausführende, eine richtende, aber auch über eine moderierende Gewalt. Die ersten drei üben ihre Aufgaben aus, doch es ist die vierte, die zwischen ihnen und bei Konflikten moderiert. Die vierte Gewalt ist insbesondere auch dazu aufgerufen, einen Ausgleich zwischen dezentralen und zentralen Elementen zu finden. Im Brasilien der Zweiten Herrschaft wurde diese vierte Gewalt vom Kaiser ausgeführt.

Dieses Modell kam aber nicht vom Kaiser. Peter II. trat sein Amt 14-jährig an. Er war zwar „aufgeklärt" und gut ausgebildet, aber er war nicht in der Lage, dem Land eine solche Verfassung zu geben. Zudem war er nicht willens, weil er selber kein Liberaler war – und es auch nie wurde. Dieses Modell wurde dem Kaiser von der Politik aufgezwungen. Es war selbst ein Kompromiss zwischen den Konservativen, die gar keine repräsentativen Elemente wollten, den Föderativen, die stark auf Dezentralisierung pochten, und den Liberalen, die eine konstitutionelle Monarchie nach britischem Vorbild anvisierten.

Spannung und Wettbewerb

Doch Kaiser und Politik wuchsen am Modell. Denn genauso wie der Kaiser versuchte, die Exekutive an sich zu ziehen, wollte die Legislative die Justiz unter die Fittiche bringen. Die Liberalen hielten den Staat im Zaum, der Kaiser vergrößerte das Militär. Die Liberalen legten ihren Schwerpunkt auf die freie Wirtschaft, der Kaiser fokussierte auf Wissenschaft, Bildung und Kultur. Dieses Modell hat vermutlich nur funktioniert, weil es in stetiger Spannung blieb.

Zwei Werte wurden aber von keiner Seite hinterfragt: die absolute Garantie von Eigentum und die persönliche Freiheit. Namentlich die Bundesstaaten São Paulo und Minas Gerais entdeckten die Skalierung der Landwirtschaft. Agrarier wurden zu Großunternehmern und produzierten Fleisch und Milch beziehungsweise Kaffee für den nationalen und weltweiten Markt. Brasilien wurde zu einer relativ offenen Volkswirtschaft mit offenen Migrationsgrenzen, sehr tiefen Zöllen und praktisch keinen Staats- oder sonstigen Monopolen. Nicht umsonst gehörte es zu den zehn reichsten Ländern auf der Welt – absolut und pro Kopf.

Freiheit und Kollektivismus

Für Peter II. war die persönliche Freiheit wichtiger noch als die Eigentumsgarantie. Er widersetzte sich aller Zensur; sogar gegen die Kirche trat der tiefgläubige Katholik an. Und er wollte die Freiheit aller Menschen, insbesondere der Sklaven. Der Hof befreite die Sklaven früh. Aus Rücksicht auf die Wirtschaft bevorzugten die Liberalen eine diesbezügliche Politik kleiner Schritte. Beide unterschätzten den Widerstand dagegen und die Reaktionen darauf.

Auch wenn die Agro-Unternehmer nicht unbedingt von der Sklaverei abhängig waren, erachteten sie die Befreiung der Sklaven als Verletzung der Eigentumsgarantie. Als sie per Gesetz im Jahr 1888 doch kam, brach die Wirtschaft mit dem Kaiser und den Liberalen und wurde republikanisch und konservativ. Republikanisch gesinnt waren ohnehin die Militärs. Erfolgreich fochten sie viele Kriege für den Kaiser – in der Zweiten Herrschaft gab es Bürgerkriege, Aufstände, ausländische Expeditionen, und so weiter. Die Militärs waren so erfolgsverwöhnt, dass sie dem Machbarkeitswahn verfielen. Sie dachten mit einer zentralen Befehlsstruktur das Land modernisieren und führen zu können.

Das Ende

Als sich Wirtschaft und Militärs verbündeten, war die Sache erledigt. Die Republik wurde 1889 ausgerufen. Doch bald ging es den Republikanern um das Eingemachte: Wer sollte welche Funktionen im Staat übernehmen? Wie sollte der Staatsschatz aufgeteilt werden? Wer hat Macht? Einigen konnten sie sich nicht, und 1890 wurde die junge Republik zur Militärdiktatur. Persönliche Freiheit und Eigentumsgarantie wurden aufgehoben. Das Parlament wurde geschlossen. Zum Vergleich: Nicht einmal während der Ersten Herrschaft unter Peter I. kam es zur Aufhebung des Parlaments.

Seitdem mäandriert Brasilien zwischen einer Demokratie mit stark zentralistischen Präsidialtendenzen und Militärdiktaturen. Das Land schlängelt auch zwischen kurzen Phasen der Prosperität und langen Krisen. Ideologisch bleibt es zwischen unterschiedlichen Formen von Kollektivismen gefangen. Das Ende der von den Liberalen ungeliebten Monarchie war das Ende des dortigen Liberalismus – und das Ende der politisch-ökonomischen Vernunft in Brasilien.

Literatur

Barman, Roderick J. Citizen Emperor: Pedro II and the making of Brazil, 1825–1891. Stanford University Press, 1999.
Haußer, Christian. „Kaiser Pedro II." Populisten, Revolutionäre, Staatsmänner. Politiker in Lateinamerika (2010): 142–170.

Das Progressive Wien
Sozialwissenschaftlicher Big Bang

Im Dunstkreis Wiens ereignete sich zwischen den Jahren 1880 und 1930 ein Big Bang moderner Wissenschaft. Kein Wunder: Jene Stadt war das kosmopolitische Zentrum nicht nur der österreichisch-ungarischen Monarchie. Am Donauufer wurde ernsthafte Wissenschaft im Diskurs mit der Realität betrieben.

Zum Vergleich: Deutsche Universitäten stilisierten sich in ewiger Wiederholung historischer Ideen oder verstanden sich als ein entrücktes Athen. Die meisten waren schlicht provinziell. Insbesondere hatten sie kein Interesse an einer Auseinandersetzung mit dem Kontext der wissenschaftlichen Tätigkeit, das heißt, mit der gesellschaftlichen Realität.

In Wien – und Graz – war die Situation anders. Manche Universitätsprofessoren waren Minister, Abgeordnete und Senatoren; und umgekehrt. Die Naturwissenschaft war verbunden mit den infrastrukturellen Bemühungen der Monarchie. Selbst die Geisteswissenschaft verstand sich als eine analytische Herangehensweise an die Fragen der Zeit.

Die Zersetzung der Doppelmonarchie sowie die multikulturelle Einbettung der Gesellschaft mit der Universität darin stellten ganz andere

© Der/die Autor(en), exklusiv lizenziert an Springer Fachmedien Wiesbaden GmbH, ein Teil von Springer Nature 2026
H. Schneider, *Freiheit: Stationen einer Idee*,
https://doi.org/10.1007/978-3-658-51604-8_31

Ansprüche an die Wissenschaft. Alle, ob Geisteswissenschaften, Naturwissenschaften oder Jurisprudenz (damals ein Sammelbecken für alles, was Sozialwissenschaft war) mussten sich mit theoretisch fundierten aber praktischen Antworten beweisen.

Freud und Wiener Kreis

Es ist daher kein Zufall, dass sich die meisten Fragestellungen des 20. Jahrhunderts in Wien als erste eröffneten. Sigmund Freud (1856–1939) kreierte seine Psychoanalyse. Er wollte eine Antwort darauf finden, warum der Mensch an sich zugrunde geht. Und er fand es für sich heraus. Das Individuum – schon alleine dies soll aufhorchen lassen – ist entweder schweren Gemüts oder leidet an seiner frühen Sozialisierung.

Der Wiener Kreis wollte die Wissenschaft just gegen diese Einwirkungen immunisieren. Und erklärte gleich Protokollsätze zur einzig zulässigen wissenschaftlichen Methode. Erklärungen, Geschichte und juristische Erwägungen hätten in den Wissenschaften keinen Platz. Brisant ist: Von den Protokollsätzen ausgehend entwickelte der Wiener Kreis eine Art zentral-geplanten, logischen Kollektivismus als Gesellschaftsmodell.

Vom Wiener Kreis haben sich Karl Popper (1902–1994) und Ludwig Wittgenstein (1889–1951) abgespalten. Popper entdeckte die Wissenschaft als dynamische Praxisgemeinschaft, und Wittgenstein entdeckte die Sprache als Produkt menschlicher Interaktionen. Das Individuum im Austausch mit anderen wurde zum Paradigma schlechthin.

Just in diesem Zusammenhang entstanden die zwei österreichischen Denkschulen in der Ökonomie. Der Austromarxismus las Marx durch eine bestimmte Brille – einer sehr volksnahen und konstruktivistischen. Ob es diese Form von Marxismus nicht mehr gibt oder sie einfach zu einem Mainstream in der aktuellen österreichischen Politik geworden ist, soll hier einmal offengelassen werden. Was es heute in Österreich nicht mehr gibt, ist die Österreichische Schule der Nationalökonomie, die andere ökonomische Denkrichtung, die im progressiven Wien entstanden ist.

Österreichische Schule

Möglicherweise hat es sie auch außerhalb des Privatseminars von Ludwig von Mises (1881–1973) nie gegeben. Zumindest nicht in jener Homogenität, die der Name impliziert. Denn die Österreichische Schule entstand nicht geplant von einer kleinen Gruppe von Individuen. Sie entwickelte sich über die Zeit und war geprägt von vielen, die dezentral einige ähnliche Grundsätze teilten – und sich auch kontrovers über sie stritten. Diese Grundsätze sind in etwa folgende:

Es geht in der Wirtschaftswissenschaft gänzlich um Individuen. Privateigentum und Eigentumsrechte sind unentbehrliche Grundlage des individuellen Lebens. Handlungen haben Konsequenzen – sowohl positive als auch negative, kurzfristige wie langfristige, offensichtliche und weniger offensichtliche. Der Wert eines Gutes beruht auf der subjektiven Einschätzung eines Individuums darüber, inwieweit dieses Gut der Befriedigung seiner Bedürfnisse dient. Preise spiegeln auf freien Märkten die Wertschätzungen der Akteure wider, signalisieren sowohl Knappheit als auch Überschüsse und sind unerlässlich für die effiziente Zuteilung von Ressourcen. Geld ist nicht neutral. Gleichgewichte gibt es nicht oder selten; Märkte sind offene Prozesse. Die Kreativität des Individuums ist zentral.

Nicht alle Grundsätze sind von Anfang an da gewesen. Einige kamen hinzu, andere gingen verloren. Und überhaupt gibt es viel mehr Differenzierung und Nuancierung. Denn als sich Menschen wie Carl Menger (1840–1921), Eugen von Böhm-Bawerk (1851–1914), Ludwig von Mises oder Friedrich August von Hayek (1899–1992) und viele andere mit einigen dieser Grundsätze auseinandersetzten, wussten sie nicht, dass sie eine eigene Schule etablieren würden.

Dabei wurde das Privatseminar von Mises zu einem festen Bezugspunkt dieser Denkschule. Auch dort wollten man, wie die anderen „Platten" – das sind gehobene Stammtische – Wiens eine Verbindung von Wissenschaft und Praxis hervorbringen. Dabei kannten sich die verschiedenen Personen und tauschten sich sogar über ihre Gruppen hinaus auch aus.

Austrian Economics

Aber die Stellung Wiens sollte sich bald verschlechtern. Spätestens mit dem Anschluss an Deutschland verlor der Stephansplatz seine Bedeutung. Im nationalsozialistischen Reich untergeordnet und im Nachkriegseuropa bestenfalls marginal, konnte sich dort weder der freie Diskurs noch eine Spitzenwissenschaft etablieren. Die meisten Vertreter des Wiener Kreises und Österreichischen Schule mussten emigrieren. Sie flohen nach Genf, Zürich, Istanbul, London oder Neu York.

Die Österreichische Schule wurde aus Österreich vertrieben – und kann sich wohl bis heute dort nicht mehr etablieren. Neu York wurde zu ihrem neuen Sammelbecken. Dort wurde sie zur *Austrian School of Economics*. Im Schatten der Freiheitsstatue etablierten sich Hayek in Chicago – erfolgreich, aber mit einer Abwendung von der Ökonomie und Hinwendung zur Staatstheorie – und Mises – zunächst weniger erfolgreich in Neu York. Aber auch in anderen Städten der USA wirkten *Austrians*, zum Beispiel Gottfried Haberler (1900–1995) und der etwas schillernde Joseph Alois Schumpeter (1883–1950) in Harvard, Fritz Machlup (1902–1983) und Oskar Morgenstern (1902–1977) in Princeton.

Mit der Zeit kamen verschiedene US-amerikanische Ökonomen zur *Austrian School*. Leute wie Henry Hazlitt (1894–1993), Vernon Smith (geboren 1927, Nobelpreis 2002), James M. Buchanan (1919–2013, Nobelpreis 1986) und viele andere mehr fanden Möglichkeiten, die Austrian-Grundsätze in ihre Forschungsprogramme aufzunehmen oder gar sie zu einem eigenen Forschungsvorhaben auszuweiten.

Mises fand – nach Anlaufschwierigkeiten – in Neu York Schüler, unter denen sich besonders Murray N. Rothbard (1926–1995), Israel M. Kirzner (geb. 1930), Leonard Liggio (1933–2014), später auch Joseph Salerno (geb. 1950) oder Mario Rizzo (geb. 1948) bewährten. Als Mises 1973 hochbetagt starb, hatte er zuvor noch den Beginn einer bemerkenswerten Renaissance der Österreichischen Schule in der Gestalt der *Austrian School of Economics* erleben können.

Keine Kreise mehr in Wien

Wie erging es dem Wiener Kreis? Ihm war eine problematischere Zukunft beschieden. Einige Vertreter versuchten, im Windschatten Wittgensteins zu segeln. Doch erstens überließ er ihnen nur wenig Platz und zweitens wandte er sich von ihren Ideen ab. Auch Popper war keine Hilfe. Genauso wie der Kreis den jungen Popper immer wieder belächelte und eigentlich ausschloss, hatte der ältere Popper nur wenig Empathie für den Kreis nach dem zweiten Weltkrieg übrig.

Doch das tiefergreifende Problem war, dass die praktischen Ansätze des Wiener Kreises nie umgesetzt wurden. Dazu kam, dass das Forschungsprogramm zunehmend in die Defensive geriet. Die Idee der Wissenschaft mittels Protokollsätzen geriet unter anderem wegen der Forschung um Wittgenstein und Popper in Bedrängnis.

Zwar versuchte der Finne Georg Henrik von Wright (1916–2003), selbst Mitglied des Kreises, das entsprechende Forschungsprogramm weiterzuführen. Doch schließlich musste er sich selbst eingestehen, dass es nicht möglich ist, Denken und Realität in Protokollsätzen abzubilden. Nach dem zweiten Weltkrieg wurde das von Otto Neurath (1882–1945) geprägte *Österreichische Gesellschafts- und Wirtschaftsmuseum* wiedereröffnet, doch er entfachte nicht das sozialpädagogische Programm, des der ursprüngliche Wiener Kreis ihm zudachte.

Optimismus und Pessimismus im Big Crunch

Viele Strömungen, die im Wien des frühen 20. Jahrhunderts entstanden sind, bleiben bestehen. Interessant ist, dass diese von einem großen Optimismus geprägt sind. Die Psychoanalyse geht im Grunde davon aus, dass man die eigene Situation verbessern kann. Mehr noch: der Schlüssel zur Verbesserung der eigenen Lage ist in der Hand des Individuums. Auch die Österreichische Schule der Nationalökonomie geht vom Primat des Individuums aus. Der Mensch weiß, was er tun kann, und ist in der Lage es zu tun, um seine Lage zu verbessern.

Hingegen war der Wiener Kreis eher pessimistisch eingestellt. Das wissenschaftlich-reduktionistische Programm und der Wille, die Gesellschaft zentral zu steuern zeugen von großem Misstrauen in der Vielfalt des menschlichen Lebens. Mindestens was Wien angeht, haben die Pessimisten Recht behalten. Denn nach dem zweiten Weltkrieg verlor Stadt ihren Glanz und ihre intellektuelle Anziehungskraft. Es ist, als ob nach dem *Bing Bang* ein *Big Crunch*, ein großes Zusammenkrachen stattfand.

Literatur

Kolb, Jonas. Das Gedankengut der Österreichischen Schule der Nationalökonomie. Springer, 2017.

Stadler, Friedrich. Der Wiener Kreis: Ursprung, Entwicklung und Wirkung des Logischen Empirismus im Kontext. Springer, 2015.

Frauen im Mises-Privatseminar
Gute Ideen brauchen keine Förderung

Das Mises-Privatseminar gilt zu Recht als Hort der Entwicklung und Systematisierung der Österreichischen Schule. Was es aber auch war: einer der ersten Orte der Frauenemanzipation in der akademischen Welt Österreichs.

Im Jahr 1878 wurde es den Frauen im kaiserlich-königlichen Imperium erlaubt, Vorlesungen als Gäste zu besuchen. Ab 1897 ließen die Universitäten Wien, Prag, Graz und Innsbruck Studentinnen zur Philosophischen Fakultät zu, ab 1900 auch zum Medizinstudium, aber erst nach Ende des Ersten Weltkriegs erhielten sie 1919 Zutritt zur Juristischen Fakultät, wo auch die Ökonomie untergebracht war. Doch schon 1920 nahmen Frauen am Mises-Privatseminar teil.

Zum Vergleich: 1893 konstituierte sich in Wien die Freie Vereinigung Sozialistischer Studenten. Im Zuge der Revolution 1918/1919 gründeten sich auch in Innsbruck und Graz sozialistische Studierendenorganisationen. 1922 schlossen sich die Gruppen in Wien, Graz und Innsbruck dem – im Übrigen großdeutsch orientierten – Verband Sozialistischer Studenten an. Frauen konnten hier erst 1922 Mitglied werden. Und auch Friedrich August von Hayek unterhielt einen Diskussions-

H. Schneider, *Freiheit: Stationen einer Idee*,
https://doi.org/10.1007/978-3-658-51604-8_32

kreis – nur für Männer. Die Damen im Mises-Privatseminar apostrophierten das Hayeksche Konstrukt ironisch „Geistkreis".

Sowohl Ludwig von Mises in seinen Memoiren als auch Gottfried von Haberler in seinen Erinnerungen an das Privatseminar nannten verschiedene Studentinnen und Ökonominnen als gleichberechtigte Teilnehmer. Beide scheinen dies aber nicht hoch zu gewichten. Für sie war es wohl „normal", dass in einer akademischen Diskussion Frauen genauso wie Männer auftreten konnten. Wer waren diese Frauen? Vier Kurzbiografien:

Die Wissenschaftlerin

Stephanie Martha Braun (geboren 1898 in Wien, gestorben 1990 in New York) studierte in Freiburg/Breisgau und promovierte als eine der ersten Frauen 1921 in Staatswissenschaften in Wien. Als Teilnehmerin am Mises-Privatseminar schrieb sie laufend Rezensionen, bank- und geldwirtschaftliche Beiträge sowie Beiträge zu wirtschaftspolitischen Fragen und veröffentlichte schließlich ihre „Theorie der staatlichen Wirtschaftspolitik" (1929), der erste Versuch einer theoretischen Begründung und Begrenzung von Wirtschaftspolitik in deutscher Sprache.

Nach dem Anschluss Österreich emigrierte sie in die USA und veränderte dort ihren Namen zu „Martha Steffy Browne". Zwischen 1947 und 1969 arbeitete sie als Professorin am Brooklyn College. Nach ihrer Emeritierung war sie noch zwölf Jahre als Gastprofessorin an der New York University tätig.

Die Vielseitige

Helene Lieser (geboren 1898 in Wien, gestorben 1962 ebenda) studierte 1916 bis 1919 fünf Semester Philosophie an der Universität Wien, besuchte aber auch rechtswissenschaftliche Lehrveranstaltungen, und seit 1919 studierte sie Staatswissenschaften, wo sie unter Mises doktorierte. Ihre war die erste staatswissenschaftliche Dissertation einer Frau in Österreich. Lieser besuchte das Privatseminar von Mises, war ständiges

Mitglied der Nationalökonomischen Gesellschaft (bis zu ihrem Ausschluss 1938) und arbeitete nach ihrem Studium beim Verband österreichischer Banken und Bankiers in Wien.

Helene Lieser musste 1938 wegen ihrer jüdischen Herkunft aus Österreich flüchten und wurde jugoslawische Staatsbürgerin. Sie ging nach Genf, wo sie bis 1940 wieder mit Mises zusammenarbeiten konnte. Dort wurde sie auch als Spionin zunächst für den sowjetischen, dann für den britischen Geheimdienst tätig. Nach dem Krieg blieb sie aktiv. Sie half mit, die Organisation für Europäische Wirtschaftliche Zusammenarbeit (OEEC) und die UNESCO zu gründen. Sie wurde Mitglied des Kuratoriums des Österreichischen Instituts für Wirtschaftsforschung und Sekretärin der International Economic Association/Association Internationale des Sciences Économiques.

Die Publizistin

Ilse Schüller-Mintz (geboren 1904 Wien, gestorben 1978 in Washington, D.C.) studierte Wirtschaftswissenschaften in Wien. Sie wurde zwar zum Dr. rer.pol. promoviert, doch weil keine Urkunde ausgestellt werden konnte, wurde ihr die Promotion aberkannt. Mises nahm sie gerne im Privatseminar auf, wo sie sich vor allem auf den Außenhandel spezialisierte.

Zusammen mit ihrem Ehemann und ihren Kindern emigrierte sie im Jahr 1938 in die USA, wo sie als Nationalökonomin tätig blieb. Sie setzte ihr Wirtschaftsstudium an der Columbia University fort, wo sie 1945 endgültig promoviert wurde, und begann, dort zu unterrichten. Neben ihrer Professur arbeitete Ilse Schüller für das National Bureau of Economic Research in New York, für das sie über 80 Studien über den Einfluss von ausländischen Anleihen und Außenhandel auf ökonomische Zyklen publizierte.

Die Unbekannte

Marianne von Herzfeld (geboren vermutlich in Wien, gestorben in Edinburgh) war eigentlich Historikerin. Sie schrieb ihre Dissertation an der Philosophischen Fakultät. Mit dem bereits 1919 publizierten Band „Zur

Orienthandelspolitik Oesterreichs unter Maria Theresia" wurde Mises auf sie aufmerksam. Sie verstand das Zusammenspiel von Geld, Außenhandel und Schuld sehr gut und wurde dafür im Privatseminar aufgenommen.

Parallel dazu arbeitete sie beim Österreichischen Verband von Banken und Bankiers, wo sie mit anderen Teilnehmern des Privatseminars im Austausch blieb. Während des Kriegs emigrierte sie nach Edinburgh. Dort leitete sie ein Kinderheim und war als Übersetzerin tätig.

Mises, der Frauenförderer?

Das sind nur einige Biografien der vielen Frauen, die am Mises-Privatseminar teilnehmen konnten. Gertrud Lovasy – die vor internationalen Regulierungskartellen warnte –, Elli Spiro-Oppenheimer oder Maria Oppliger wären weitere Namen für Biografien. Zeitweilig sollten Frauen bis zu einem Viertel der Teilnehmer ausgemacht haben.

War Mises also der große Frauenförderer? Keineswegs. Mises wusste besser als alle, dass Förderungen problematisch sind. Damit Ideen gut werden, müssen sie am freien Ideenmarkt bestehen. Mises war also nur offen für gute Ideen.

Literatur

Hülsmann, Jörg Guido. Mises: The Last Knight of Liberalism. Ludwig von Mises Institute, 2007.
Moreno-Casas, Vicente. „Ludwig von Mises as feminist economist." The Independent Review 26.2 (2021): 243–262.

Stamm gegen Staat
Die Kachin in Myanmar

Die Kachin sind besondere Leute. Sie leben im Berggebiet zwischen Burma/Myanmar und China. Sie leisten aktiven Widerstand gegen den Staat – jeglichen Staat. Und sie kennen die freie Assoziation. Jede Person kann Kachin werden. Und jeder Kachin kann jederzeit aussteigen. Kachin leben in einer geordneten Anarchie.

Dabei geht es ihnen gar nicht um den Widerstand oder um die Staatslosigkeit an sich. Eigentlich geht es nicht einmal um Freiheit. Die Kachin teilen eine besondere Lebensweise. Diese wollen sie erhalten. Dabei sind die Missverständnisse bezüglich ihnen und ihrer „traditionellen" Lebensweise groß.

Sieht kompliziert aus ...

Einige verstehen die Kachin als eine Ethnie. Was auch immer eine „Ethnie" sein mag – der Ausdruck ist ohnehin sinnlos –, die Kachin sind es nicht, weil sie ständig andere Leute in ihren Stammesverbund aufnehmen. Dabei sind sie nicht einmal ein typischer Stamm. Nur wenige von ihnen haben gemeinsame Ahnen. Etwa zwei Drittel des Verbundes ist irgend-

H. Schneider, *Freiheit: Stationen einer Idee*,
https://doi.org/10.1007/978-3-658-51604-8_33

wie buddhistisch; etwa ein Drittel ist irgendwie christlich. Sie sprechen mehrheitlich *Jingpo*, doch nicht alle *Jingpo*-sprachigen sind Kachin.

Dann: Burma hat sogar eine Verwaltungseinheit, die „Kachin-Staat" heißt. Aber die Kachin spielen weder eine Rolle in der Verwaltung dieses nach ihnen benannten Staates noch akzeptieren sie ihn. Burma/Myanmar weiß nicht einmal, wie viele Kachin dort leben. Denn sie nehmen an keinen Volkszählungen teil. Um die Konfusion komplett zu machen: Um die Sprache der Politik zu sprechen, identifizieren sich die Kachin als Ethnie, als Religionsgemeinschaft, mit der Sprache und mit dem Staat – je nachdem, wie es gerade passt.

… ist aber logisch

Doch eigentlich ist die Sache einfach. Die hier ausschlaggebende Logik ist: Kachin leben in den Bergen. Weil diese Landschaften unwegsam sind, hat sich eine dezentralisierte Organisation etabliert. Kachin entwickelten gemeinsame Regelwerke, verstanden sich mittels ähnlicher Sprache, lebten aber verteilt in einer Vielzahl von Dörfern, die die jeweils primäre politische Einheit waren. Die Dörfer hatten einen Chef. Doch jede und jeder Kachin war frei, ein eigenes Dorf zu gründen. Dabei galt die Regel der Stammesorganisation, das neue Dorf durfte unter keinen Umständen angegriffen werden. Alles das ist heute noch so.

Unten in den Tälern herrschten zunächst die Schan, dann die Briten, und nun herrscht Burma. Mit den ersten beiden lebten die Kachin mehr oder weniger in Frieden. Die einen blieben unten, die anderen oben. Für die Kachin war es sogar in Ordnung, wenn reich gewordene Dorfchefs samt ihren Dörfern in die Schan-Niederungen umzogen. Und es war in Ordnung, wenn Menschen, die nicht von Schan oder Briten regiert werden wollten, in die Berge flüchteten. Unabhängig von Verwandtschaft, Sprache und Religion wurden diese in die Organisationen der Kachin aufgenommen.

Im Krieg …

Doch mit der Gründung des Staates Burma/Myanmar änderte sich die Lage. Der junge Staat wollte seine Macht auf die Berge ausdehnen – unter anderem, um die Grenze mit China zu sichern. Seit den 1960er-Jahren wollte Burma auch die illegalen Casinos und Drogenplantagen in den Kachin-Bergen schließen (wohl, um sie durch staatseigene zu ersetzen).

Die Kachin waren nicht bereit, diesen Übergriff Burmas zu akzeptieren. Einerseits sahen sie ihre ökonomische Lebensgrundlage gefährdet, und andererseits lehnten sie die burmesische Umerziehung ab. Sie wollten und wollen ihre geordnete Anarchie weiterführen. Gegen Burma führten sie einen Krieg. Und gegen Myanmar führen sie immer noch einen, auch wenn schon verschiedene Friedensabkommen unterschrieben wurden.

… für Freiheit

Dabei haben einige Kachin-Gruppen daraufgesetzt, einen eigenen, unabhängigen Staat zu gründen. Doch die meisten anderen Gruppen und Dörfer lehnen das ab. Ist auch logisch: Wo freiwillige Ablehnung von Macht zu den Grundwerten gehört, hat der Staat keine Rolle zu spielen – auch nicht der eigene.

Trotz dieser freiwilligen Ablehnung von Macht sind die Kachin nicht anarchisch – im wörtlichen Sinne. Der ständige Wettbewerb zwischen ihren eigenen Organisationsformen stiftet selbst Ruhe und Ordnung. Dörfer kooperieren untereinander und machen sich gleichzeitig Wettbewerb. Die freie Assoziation wirkt dabei als Disziplinierungsmaßnahme gegen Machtakkumulation. Das sieht doch ziemlich freiheitlich aus.

Literatur

Leach, Edmund Ronald. Political Systems of Highland Burma: a study of Kachin Social Structure. Routledge, 2021 [1973].
Scott, James C. The Art of Not Being Governed: An Anarchist History of Upland Southeast Asia. Yale University Press, 2009.

Freiheit ist kein Regime
Der Preis für das Diktat globaler Effizienz

Liberale befürworten den Freihandel. Das ist unbestritten. Sind Liberale auch für die Globalisierung? Nicht unbedingt.

Das scheint kontraintuitiv. Wie kann man für Freihandel und gegen Globalisierung sein? Globalisierung ist der Einbezug möglichst vieler Länder in ein Freihandelsregime. Gerade Liberale sollten dies ja befürworten – sollte man meinen. Doch das Problem ist gerade der Ausdruck „Freihandelsregime". Denn Freihandel und Regime sind Gegensätze.

Freiheit ist kein Regime

Freihandel ist der grenzüberschreitende und barrierefreie Austausch von Waren und Dienstleistungen. Kennzeichen für den Freihandel ist, im Idealfall, dass er nichts anderes als freie Marktprozesse umfasst. Das heißt, es fallen weder Zölle noch andere Tarife oder sonst ein anderer Grenzschutz an. Freihandel bedeutet Austausch frei von jeglicher Einwirkung und Verzerrung durch hoheitliche Akteure. Die Vorteile eines solchen Systems liegen auf der Hand.

© Der/die Autor(en), exklusiv lizenziert an Springer Fachmedien Wiesbaden GmbH, ein Teil von Springer Nature 2026
H. Schneider, *Freiheit: Stationen einer Idee*,
https://doi.org/10.1007/978-3-658-51604-8_34

Einzelne Personen oder Haushalte stellen nicht alles her, was sie brauchen. Genauso ist es mit Staaten: Sie – besser, ihre Angehörigen – können ihre Bedürfnisse sowohl im In- als auch im Ausland befriedigen. Es kommt halt darauf an, wo spezifische Vorteile anfallen. Und das können nur Individuen und nur für sich selbst abschätzen. Ab dem Moment, wo Staaten Grenzschutz betreiben, entstehen Verluste im Marktprozess. Zudem führt der Grenzschutz an sich zur staatlichen Politisierung der ökonomischen Handlung. Das ist mit der persönlichen und wirtschaftlichen Freiheit inkompatibel.

Doch der reine freie Handel findet heute nirgendwo statt. In einer Mischung aus ökonomischer Mythologie, staatlichem Größenwahn und Bedienung von Partikularinteressen betreiben alle hoheitlichen Akteure dieser Welt Grenzschutz. Um ein multilaterales Hochschaukeln von merkantilischen (das heißt exportfördernden) und abschottenden Maßnahmen mindestens einzudämmen, wurden Freihandelsregimes erfunden. Dazu gehören zum Beispiel die Welthandelsorganisation oder die zahlreichen Freihandelsabkommen.

Liberale befürworten Freihandel, das ist logisch. Freihandelsregime sind zwar nützlich. Aber an sich sind sie das Eingeständnis, dass es den freien Handel nicht gibt.

Ein Regime ist nicht Freihandel

Das Problem kommt jetzt: Viele Freihandelsregime regeln eben nicht (nur) den Austausch von Gütern und Dienstleistungen. Sie machen auch Vorgaben in Sachen Umweltschutz, Agrarbeihilfen, Arbeitsrecht, Nachhaltigkeit und so weiter. Möglicherweise sind alle diese Bereiche wichtig. Aber sie haben mit dem freien Handel nichts zu tun.

Jene rechtlich (irgendwie) bindenden Konstrukte, die man „Freihandelsregime" nennt, bieten verschiedene Möglichkeiten für hoheitliche Akteure, nicht nur in den freien Austausch der Güter und Dienstleistungen, sondern auch direkt in die Freiheit der Wirtschaftstreibenden zu intervenieren. Natürlich ist es gut, wenn die Zölle zwischen zwei Ländern fallen. Gleichzeitig ist es problematisch, wenn der Preis für Tarifabbau der Aufbau einer Nachhaltigkeitskontrollbürokratie ist. Oder das

Arbeitsgesetz eines Landes in einem anderen eingehalten werden muss, damit Exporte möglich werden. Kurz: In Freihandelsregimen wird der freie Handel mit Regulierung bezahlt.

Verteidiger dieser Regime eilen oft herbei mit dem Argument: Gleiche Regulierung für alle ist effizient. Sie irren sich aber – und gleich zweifach. Erstens besteht ein Wettbewerb zwischen Standorten; und damit auch ein Wettbewerb zwischen Regulierungen. Zweitens ist Effizienz das Resultat individueller Handlung. Sie ist nicht die Planungsgrundlage makroökonomischen Austauschs. Naja: Sie kann es schon sein, aber der Preis für das Diktat globaler Effizienz ist die Freiheit aller.

Und genau das ist der Vorbehalt gegenüber der Globalisierung. Sie wird zwar als Freihandelsbewegung verkauft. Doch in Wirklichkeit dient sie oft der Verbreitung von Zwangsmitteln oder Regimen. Und genauso oft ist der Preis dieser Regime sehr hoch: Verminderung des Wettbewerbs, Verzerrung der Marktprozesse und Verlust von Handlungsfreiheit.

Literatur

Raico, Ralph. Die Partei der Freiheit: Studien zur Geschichte des deutschen Liberalismus. Lucius & Lucius, 1999.

Weede, Erich. „Was bedeutet die Globalisierung für Armut, Reichtum und wirtschaftliche Freiheit in der Welt?." Jahrbuch zur Liberalismus-Forschung. Nomos, 2017

Rationalität in verrückten Zeiten
Ayn Rand und der Objektivismus

Zugegeben: Ayn Rands Bewegung hat viele Probleme. Nicht selten wirkt sie fast sektenhaft. Trotzdem: Der Objektivismus – so der Name der Bewegung – hat einen großen Beitrag für die Sache der Freiheit, vor allem in den USA nach dem Zweiten Weltkrieg, geleistet.

Ayn Rand (1905–1982) war die „Gründerin" des Objektivismus. Geboren als Russin, Jüdin und *Bourgoise*, musste sie vor dem Kommunismus und den europäischen Kriegen fliehen. In den USA entwickelte sie ihre Weltanschauung. Dabei setzte sie auf eine Parallelität: Einerseits schilderte sie ihre Philosophie in Romanen für das breite Publikum. Damit sollte ein positives Narrativ aufgebaut werden. Andererseits vertiefte sie ihre Philosophie in Fachbüchern. Damit sollten auch die akademischen Ansprüche erfüllt werden.

Schnell entstand eine Bewegung um die Autorin. Sie beanspruchte die Führungsrolle extensiv, was nicht ohne Probleme blieb. Rand duldete beispielsweise keine Abweichungen von ihren Gedanken. Statt kritisch mit den Mitgliedern ihrer Bewegung zu diskutieren, forderte sie beinahe blinden Gehorsam. Wer sich uneinsichtig zeigte, wurde ausgeschlossen. Zeitzeugen berichten, dass Rand sogar zur persönlichen Lebensführung ihrer Anhängerinnen und Anhänger Vorschriften machte.

© Der/die Autor(en), exklusiv lizenziert an Springer Fachmedien Wiesbaden GmbH, ein Teil von Springer Nature 2026
H. Schneider, *Freiheit: Stationen einer Idee*,
https://doi.org/10.1007/978-3-658-51604-8_35

Die Grundsätze

Worum geht es im Objektivismus? Die meisten Formen des Liberalismus argumentieren pragmatisch. Für sie sind Individuen frei, und diese Individuen verwirklichen sich in freien Austauschbeziehungen. Das ist zwar auch so in Rands Denken, aber ihre Begründung fällt anders aus. Rand erarbeitet von Grund auf eine vollständige Philosophie des Individuums und der Freiheit. „Von Grund auf" bedeutet, dass sie die Freiheit als Existenzgrund ansieht. Sie definiert drei Axiome.

Das Existenzaxiom formuliert Rand tautologisch: „Existenz existiert." Der axiomatische Begriff „Existenz" fasst alles zusammen, das ist. Das zweite Axiom behandelt das Bewusstsein, die „Fähigkeit, die Existenz wahrzunehmen". Jede Form der Wahrnehmung und jedes Verständnis des Seins impliziert demnach die Existenz eines Bewusstseins. Das dritte Axiom handelt von der Identität. Was auch immer ist, ist, was es ist. Existenz und Identität werden gleichgesetzt, denn aus dem Bewusstsein folge die Identifikation mit dem Existierenden.

Die Positionen

An der objektiven Existenz des sich selbst erkennenden Individuums kann nicht gezweifelt werden. Und weil das Individuum sich seiner Existenz bewusst ist und niemand anders mehr über seine Existenz weiß als es selber, steht es im Mittelpunkt des eigenen Lebens. Daraus folgt eine individualistische, rationale und egoistische Ethik. Sie besagt, dass niemand besser weiß, was für ein Individuum gut ist, als es selbst. Das Individuum wird somit zum selbstgenügenden Grund seiner eigenen Handlung.

Ähnlich rational geht Rand bei der Überprüfung der staatlichen Tätigkeit vor. Der Staat hat für Sicherheit und Ordnung zu sorgen. Zwei Argumente sprechen dafür. Erstens: Solange Individuen freiwillig in einer Gemeinschaft zusammenleben, muss die Gemeinschaft Regeln haben. Diese Regeln müssen rational und objektiv sein. Das funktioniert nur mit Gesetzen. Zweitens: Den Individuen entsteht Nutzen aus Sicherheit und Ordnung. Was der Staat jedoch keineswegs darf, ist soziale Abfederungsprogramme oder gar wirtschaftspolitische Rahmenbedingungen diktieren. Diese beeinträchtigen den Nutzen des Individuums und lassen sich nicht auf objektive Größen zurückführen.

Die Wirkung

Ayn Rands Bücher erreichten eine Gesamtauflage von 25 Mio. Exemplaren. Rand zählt in den Vereinigten Staaten zu den einflussreichsten politischen Autoren des 20. Jahrhunderts. Ihre Doppelstrategie ging also auf. Viele Menschen finden zum Objektivismus – und überhaupt zum Liberalismus – durch das Romanwerk von Rand. Aber auch ihre philosophischen Schriften wirkten: Sie haben verschiedene andere Formen des Liberalismus gezwungen, sich mehr der Philosophie zu öffnen.

Trotz aller Personenabhängigkeit konnte die Bewegung Rands ihren Tod überleben. Nach verschiedenen Spaltungen und Auseinandersetzungen bestehen heute sowohl Gruppierungen, die einen möglichst „orthodoxen" Objektivismus betreiben, als auch andere, die ihn weiterentwickeln und anpassen. Auf jeden Fall löst sich die Idee von der Gründerin. Das ist eine gute Nachricht, weil der Objektivismus selbst dadurch objektiver wird.

Die Verdienste

In den USA nach dem Zweiten Weltkrieg herrschte Verwirrung. Man hatte sich ja mit der kommunistischen Sowjetunion zusammentun müssen, um Hitler zu besiegen. Roosevelt und Truman waren beide große Bewunderer Mussolinis – gerade wegen der wirtschaftlichen Planung und des faschistischen Korporatismus. Sie waren nicht alleine. Der US-amerikanische Konsens von damals war: Der Kapitalismus ist tot.

Während die klassisch Liberalen meinten, als Professoren die Politik gegen den Kollektivismus beeinflussen zu können, sah Ayn Rand die Sache anders. Sie wollte ihre Ideen populär machen. Sie dachte: Wenn es das Volk ist, das die Politiker wählt, dann soll das Volk liberal – objektivistisch – denken. Dann wählt es die „richtigen" Politiker. Auch die Sache mit der Uni sah sie anders. Rand wollte, dass die Studenten Druck auf die linken Professoren ausübten. Damit orientierte sie sich als eine der ersten im Liberalismus nicht an „Eliten", sondern an „Massen". Rand machte den Liberalismus zu einer Angelegenheit des Volkes.

Als Frau, als Atheistin, als Immigrantin, als Nicht-Universitätsangehörige bewirkte Ayn Rand sehr viel. Sie popularisierte den Liberalismus. Objektivistische Studentengruppen sind immer aktiver in den USA. Rand und ihre Nachfolgerinnen und Nachfolger stellen wichtige Denkaufgaben an die anderen Formen des Liberalismus. Der Objektivismus trägt große Verdienste für die Sache der Freiheit.

Literatur

Rand, Ayn. Atlas Shrugged. Penguin, 2005.
Roméu, Luca Moratal. „Objectivism and Libertarian Political Thought: A Comparative Introduction." The Journal of Ayn Rand Studies 22.2 (2022): 189–205.

Erzschüler, Urschüler und Nachmacher
Differenzen, aber keine Gegnerschaft

Für Ludwig von Mises ist die individuelle Subjektivität zentral. Für Murray Rothbard steht die individuelle Freiheit im Mittelpunkt. Für Mises ist der freie Austausch wichtig. Für Rothbard ist das freie Leben wichtig. Mises akzeptiert den Staat; Rothbard will den Anarcho-Liberalismus. Eine Gegenüberstellung.

Kaum ein Duo von Ökonomen ist sich so nahe wie Ludwig von Mises (1881–1973) und Murray Rothbard (1926–1995). Überhaupt: Das heutige Mises-Bild, insbesondere in den USA, ist eigentlich eines, das Rothbard gezeichnet hat. Viele Mises-Ideen werden heute durch die Rothbard-Brille gelesen. Zugespitzt: Der Mises, den wir kennen, ist ein Rothbard-Mises.

Das ist weder eine Kritik noch besonders beunruhigend. Schließlich war Rothbard ein hervorragender Organisator, der die Österreichische Schule der Nationalökonomie in ihrer Mises-Prägung bekannt machte und institutionell sicherte. Ohne Rothbard wären die Österreicher viel weniger bekannt, viel weniger aktiv und wohl auch wissenschaftlich weniger entwickelt, als sie heute sind. Und trotzdem: Man kann sich fragen, ob Mises alles, was Rothbard in ihn hineinlas, wirklich goutieren würde.

© Der/die Autor(en), exklusiv lizenziert an Springer Fachmedien Wiesbaden GmbH, ein Teil von Springer Nature 2026
H. Schneider, *Freiheit: Stationen einer Idee*,
https://doi.org/10.1007/978-3-658-51604-8_36

Gemeinschaft versus Staat

Rothbard war auch ein Wissenschaftler mit einem eigenen Forschungsprogramm und eigenen Erkenntnissen. Er setzte den Anarcho-Liberalismus auf seine Agenda – eigentlich erfand er ihn. Grob kann man den Anarcho-Liberalismus so definieren: Er ist gleichzeitig eine ökonomische Theorie und eine politische Philosophie, die für eine vom freien Markt, von freiwilligen Übereinkünften und von freiwilligen vertraglichen Bindungen geprägte Gesellschaft eintritt.

In Abgrenzung zum Minimalstaat strebt der Anarcho-Liberalismus eine reine Privatrechtsordnung ohne öffentliches Recht an. Er tritt ein für das Recht auf Selbstbestimmung und eine weitreichende Verfügungsgewalt über Privateigentum, die nicht durch staatliche Regelungen, sondern allein durch das Selbstbestimmungsrecht anderer eingeschränkt sein sollen. Philosophisch ankert er seine Forderungen in der Naturrechtslehre. Anarcho-Liberale betrachten den Staat als illegitimes politisches System, das Gemeinschaftsmitglieder in ihrer Freiheit beschränkt, unrechtmäßig Gewalt gegen sie ausübt und sie durch Steuererhebung beraubt.

Demgegenüber befürwortet Mises den Staat: „Das sind die Aufgaben, die die liberale Lehre dem Staat zuweist: Schutz des Eigentums, der Freiheit und des Friedens." Mises geht sogar noch weiter: „Liberalismus ist nicht Anarchismus; Liberalismus hat mit Anarchismus nicht das Geringste zu tun. Der Liberalismus ist sich darüber ganz klar, dass ohne Anwendung von Zwang der Bestand der Gesellschaft gefährdet wäre und dass hinter den Regeln, deren Befolgung notwendig ist, um die friedliche menschliche Kooperation zu sichern, die Androhung der Gewalt stehen muss, soll nicht jeder einzelne imstande sein, den ganzen Gesellschaftsbau zu zerstören."

Naturrecht versus Wertneutralität

Wie kann Rothbard diese wesentliche Differenz zu seinem Lehrer erklären? Nun ist Rothbard nicht ein „Jünger" Mises, der nur eine wie auch immer definierte Orthodoxie weiter verkündet. Er hat, wie gesagt, ein eigenes Forschungsprogramm, das unter anderem auf Mises basiert. Aber eben nur unter anderem. Ein wichtiger Einfluss auf Rothbards Denken ist seine Lesart des Philosophen John Locke.

Von Locke übernimmt Rothbard die Idee des Naturrechts. Das heißt, jeder Mensch hat von Natur aus bestimmte Rechte. Darauf basierend entwickelt Rothbard zwei Axiome: Erstens hat jeder Mensch das als „Selbsteigentum" bezeichnete absolute und natürliche Recht an und auf sich selbst. Zweitens hat jeder Mensch ein ebenso absolutes und natürliches Recht auf eine von ihm in Nutzung genommene „Heimstatt" (*homestead*). Weil beide Rechte absolut gelten, dürfen sie nicht von Dritten – auch nicht vom Staat – eingeschränkt werden. Und damit wird dem staatlichen Handeln eine Absage erteilt.

Demgegenüber ist die Praxeologie Mises wertneutral. Der subjektivistische Individualismus ist ihre methodologische Erkenntnis, nicht aber ein normatives Postulat wie die Axiome Rothbards. Mises erklärt sehr deutlich: „Wir Liberalen behaupten gar nicht, dass Gott oder die Natur alle Menschen zur Freiheit bestimmt hätte, schon darum nicht, weil wir über die Absichten Gottes und der Natur nicht unterrichtet sind und es grundsätzlich vermeiden, Gott und die Natur in den Streit, um irdische Dinge hereinzuziehen."

Wer gewinnt?

Auf der einen Seite steht Mises mit seiner wertneutralen Praxeologie und seinem Minimalstaat, der die Spielregeln garantiert. Auf der anderen steht Rothbard mit seinem Naturrecht, der dem Menschen absolute Rechte gibt und demzufolge höchstens freiwillige Vergemeinschaftung akzeptiert. Wer gewinnt?

Beide. Beide, weil sie sich in der Praxis viel näherstanden, als hier angedeutet wird. Mises weiß, dass der Staat, auch sein Minimalstaat, zum Unterdrückungsapparat werden kann. Und Rothbard weiß, dass die freiwillige Vergesellschaftung schnell die Form eines Staates annehmen kann. Beide teilen die Verpflichtung zum Individuum. Beide unterscheiden sich aber in der wissenschaftlichen Verpflichtung zur Freiheit.

Rothbard meint, Freiheit sei die notwendige Bedingung einer soliden Volkswirtschaftslehre und die Ökonomie selber sei auf Naturrecht abzustellen. Mises unterscheidet hingegen zwei Dimensionen. Erstens gibt es die wissenschaftliche Methode, und die ist wertneutral. Und zweitens gibt es das reale Leben voller normativer Entscheidungen. Und hier ist es für Mises glasklar: Die wichtigste normative Entscheidung selbst ist jene für Freiheit. Für die Geschichte der Österreichischen Schule sind beide Denker essenziell.

Literatur

Bessner, Daniel. „Murray Rothbard, Political Strategy, and the Making of Modern Libertarianism." Intellectual History Review 24.4 (2014): 441–456.
Ebeling, Richard. Political Economy, Public Policy and Monetary Economics: Ludwig von Mises and the Austrian Tradition. Routledge, 2009.

Der Ordoliberalismus – sozial und frei
Die einzigen Fürsprecher der Freiheit nach dem Zweiten Weltkrieg

Im Juni 1948 läutete das Telefon Ludwig Erhards. Am anderen Ende fragte General Lucius Clay, der Militärgouverneur der amerikanischen Besatzungszone in Deutschland: „Herr Professor, meine Berater sagen mir, Sie sind dabei, einen Fehler zu machen." Erhard antwortete: „Herr General, meine Berater sagen mir das gleiche."

Auch wenn die Anekdote von Ehrhard selbst stilisiert wurde, bringt sie den Beginn des Wirtschaftswunders auf den Punkt: Die Mehrheit glaubte, Wirtschaftsfreiheit sei ein Fehler. Überhaupt hatte die Freiheit nach dem Zweiten Weltkrieg nur wenige Fürsprecher. Zum Glück waren die wenigen mutig genug.

Ausgangslage: Kollektivismus

Nach der Kapitulation Deutschlands – genauer: der bedingungslosen Kapitulation der deutschen Wehrmacht – im Jahr 1945 wurde das Land in vier Zonen aufgeteilt. In der US-amerikanischen und faktisch auch in der britischen Zone gab der Morgenthau-Plan die Richtung vor. Er zielte auf eine rigorose Bestrafung Deutschlands und seiner Bevölkerung. In der

© Der/die Autor(en), exklusiv lizenziert an Springer Fachmedien Wiesbaden GmbH, ein Teil von Springer Nature 2026
H. Schneider, *Freiheit: Stationen einer Idee*,
https://doi.org/10.1007/978-3-658-51604-8_37

Wirtschaftspolitik hielt er an der kollektivistischen Grundlage des Nationalsozialismus fest: Unternehmen sollten nach Plan produzieren, und Preise sollten vom Staat festgesetzt werden.

Übrigens: Nach dem Zweiten Weltkrieg herrschte allgemein die Überzeugung, persönliche Freiheit und Kapitalismus seien tot. Die US-amerikanischen Regierungen unter Roosevelt und Truman meinten ernsthaft, nur durch einen weltweiten *New Deal* den Westen retten zu können. Für sie galt es als ausgemacht: Die Sowjetunion sei das bessere System. Das sollte noch lange so bleiben. Der US-Regierung war der sozialistische Dritte Weg Indiens lieber als die deutsche Rückkehr zur Marktwirtschaft.

Die wenigen Mutigen

Als General Lucius Clay (1898–1978) das Kommando der US-Zone übernahm – und letztlich auch die Koordination mit der britischen Zone und später des Westens –, wusste dieser Armeebaugruppenchef nur wenig über den Wiederaufbau eines Landes. Noch weniger wusste er über Marktwirtschaft. Doch er lernte. Ihm fiel von Anfang an auf, dass sich Kollektivismen nicht durch andere Kollektivismen zähmen lassen. Sollte Deutschland je zum Kreis der „entwickelten, zivilisierten" Länder zurückkehren, dann nur, wenn die einzelnen Personen Freiheit genießen und Verantwortung wahrnehmen. So seine Überlegungen.

Die Denkweise des Volkswirts Ludwig Erhard (1897–1977) kam ihm da entgegen. Im Jahr 1948 wurde Erhard auf Vorschlag der FDP zum Direktor der Verwaltung für Wirtschaft des Vereinigten Wirtschaftsgebietes gewählt und zeichnete damit für die Wirtschaftspolitik in den westlichen Besatzungszonen verantwortlich. Er machte sich ans Werk, liberalisierte die Wirtschaft, schuf Preiskontrollen ab und schränkte die Macht der Gewerkschaften ein. In der kurzen Frist führten seine Vorschläge zu Preissteigerungen und Streiks. Die Zeitung „Die Zeit" kritisierte ihn sogar als genauso schädlich wie der Nationalsozialismus. General Clay hielt zu ihm.

Die Erfolge

In den 50er-Jahren sollten beide Recht bekommen. Das deutsche Wirtschaftswunder hat nicht nur Unternehmen, sondern vor allem die Individuen bessergestellt. Die von Erhard forcierte Öffnung des Marktes, auch im Außenhandel, hat für Produktivitätssprünge, Innovation und Kapitalakkumulation gesorgt. Erhard wurde Bundesminister unter Adenauer; später sogar Vizekanzler und selbst Bundeskanzler. Clay, der sich von Erhard in unzähligen Gesprächen ausbilden ließ, wurde in den USA zum Unternehmer und saß bis zu seinem Lebensende in verschiedenen Aufsichtsräten.

Unter dem Motto „soziale Marktwirtschaft" hat sich der Ordoliberalismus – oder wie er sich anfänglich selber nannte: Neoliberalismus – als wirtschaftspolitische Denkweise in Deutschland etabliert. Mit Erfolg. Heute mag der Ordoliberalismus umstritten sein, und seine Auswüchse sind auch schädlich. Doch ohne ihn würde Deutschland ganz anders aussehen. Der Ordoliberalismus war der einzige Fürsprecher für Freiheit und Marktwirtschaft.

Ordoliberalismus

Dieses „typisch deutsche" Konstrukt etablierte sich seit Beginn des 20. Jahrhunderts in der Ideenwelt. Sein Hintergrund war die Situation in Deutschland selber: Die Großindustrie schuf Kartelle; die Märkte wurden dank des Zusammenspiels von Industrie und Staat nach und nach geschlossen. Der Außenhandel war merkantilistisch geprägt. Und die soziale Frage war konfliktbeladen.

Ordoliberale wie Walter Eucken, Wilhelm Röpke oder Alfred Müller-Armack wollten eine wirklich freie Marktwirtschaft etablieren. Also eine ohne Kartelle, ohne Verbrüderung zwischen Staat und Wirtschaft und ohne geschlossenen Außenhandel. Dafür waren sie bereit, soziale Sicherungsmechanismen wie Kranken-, Alters- und Arbeitslosenversicherungen zu akzeptieren. Ihre Idee war: Der Staat hört auf, sich in die Wirtschaft einzubringen; er macht die Rahmenbedingungen und betreibt das soziale Auffangnetz. Der Staat ordnet die Spielregeln. Es ist dann Sache der Spieler, sich innerhalb der gesetzten Regeln zum eigenen Vorteil einzubringen.

Verdienste und Fall

Ordoliberale sind aber in eine zweifache Falle getappt. Sie ließen sich erstens von der Illusion politischer Machbarkeit blenden. Als Kanzler Adenauer eine Altersvorsorge mit Umlage von Jungen zu Alten einführen wollte, war Erhard dagegen. Doch schon Müller-Armack befürwortete sie („Kinder gebären die Menschen sowieso"). Zweitens ließen sich Ordoliberale von keynesianischen Konzepten vereinnahmen: Erhard ließ sich von der antizyklischen Fiskalpolitik erweichen. Für den Fall, dass die Wirtschaft in eine Krise geriet, unterstützte auch er Ankurbelungsprogramme.

Trotzdem sind die Verdienste des Ordoliberalismus, der sozialen Marktwirtschaft, groß: Deutschland hätte nach dem Zweiten Weltkrieg in Kollektivismus enden können. Der einzige Weg zu einer mehr oder weniger freien Marktwirtschaft war der ordoliberale Weg. Die einzigen Fürsprecher der Freiheit waren die Vertreter der sozialen Marktwirtschaft.

Literatur

Hien, Josef, und Christian Joerges. Ordoliberalism, Law and the Rule of Economics. Bloomsbury Publishing, 2017.

Rüttgers, Jürgen. Wirtschaftswunder: Adenauer, Erhard und die Soziale Marktwirtschaft. Verlag Ferdinand Schöningh, 2017.

Der Diamantenhandel als Vertrauens-Kartell
Staatliche Einmischung beendet den direkten Handel

Oft werden Diamanten mit afrikanischen Bürgerkriegen assoziiert. Und wenn nicht von Blutdiamanten, dann ist die Rede von der vermeintlichen Umweltzerstörung wegen ihres Abbaus. Auch wenn diese Bilder nicht falsch sind: Das Interessante an den Diamanten ist ihr Handel. Dieser ist ziemlich frei – und kartellistisch. Ist das nicht ein Widerspruch?

Einerseits ist der weltweite Diamantenhandel so frei, dass einzelne Staaten sogar darauf verzichten, darin einzugreifen. Andererseits ist der Handel in einem einzigen Kartell vieler Kartelle organisiert. Die Großhändler sind kartelliert, die Einzelhändler sind kartelliert, die Schleifer sind kartelliert, und die Handelsplätze sind kartelliert. Diese Kartelle sind verbunden in einem globalen Syndikat. Die Struktur ist zwar heute noch vorhanden, doch seit den 2000ern erodiert sie kontinuierlich. Es lohnt sich also, diese Geschichte aufzurollen.

© Der/die Autor(en), exklusiv lizenziert an Springer Fachmedien Wiesbaden GmbH, ein Teil von Springer Nature 2026
H. Schneider, *Freiheit: Stationen einer Idee,*
https://doi.org/10.1007/978-3-658-51604-8_38

Vertrauen als Inputfaktor

Diamanten sind sehr problematische Güter. Sie sind wertvoll, aber illiquide. Sie sind klein, was den Transport zwar erleichtert, aber sie besonders „Schwund"-anfällig macht. Sie sind im Prinzip homogen, werden aber durch ihre Bearbeitung zu Einzelstücken. Und sie kommen nicht dort vor, wo sie verarbeitet und gekauft werden.

Die Diamanten-Wertschöpfungskette löst diese Gegensätze auf pragmatische Art. Sie pfeift auf Verträge und Gesetze und setzt stattdessen auf Vertrauen. Ökonomisch entsteht dieses Vertrauen als Kapital, wenn die Akteure: wiederholt miteinander Handel betreiben; über mehrere Stufen hinweg Handelsinteressen teilen; ähnliche Wertvorstellungen haben; und ihr Debit- und Kreditmanagement ähnlich ist.

Am leichtesten finden sich solche Gemeinsamkeiten in sogenannten „ethnischen" Beziehungen. Das mag erklären, warum zunächst englische, dann jüdische und heute auch indische Abstammungsgemeinschaften im Diamantenhandel übervertreten sind. Sie sind enger miteinander verbunden, teilen viele Wertvorstellungen und können einander überwachen. Nicht die Diamanten, mit denen sie handeln, sondern das Vertrauen, dass niemand stiehlt, die Ware beschädigt oder den Transport verschlampt, ist das Kapital dieser Netzwerke.

Vertrauen hat einen Preis

Was in den obigen Absätzen nett als „Netzwerke" und „Abstammungsgemeinschaften" umschrieben wird, sind ökonomisch gesehen Kartelle. Und überall, wo ein Kartell tätig ist, ist es daran interessiert, seine Mitglieder zu disziplinieren und den Marktzugang einzuschränken. Die Disziplinierung fehlbarer Händler und Bearbeiter ist leicht zu erklären: Wer mit so hohen Sachwerten handelt, will diese nicht verlieren. Die Disziplinierung soll vor allem abschreckend wirken.

Die Sache mit der Beschränkung des Marktzugangs ist etwas komplizierter. Die Händler und Bearbeiter wissen, dass Vertrauen ihr Kapital ist. Damit aber Vertrauen entsteht, müssen sich die Leute kennen. Sie müssen aufeinander angewiesen sein. Je mehr Akteure in einem Markt, desto weniger ist ein Akteur auf einen anderen, spezifischen, angewiesen. Die Akteure und ihre Beziehungen werden ersetzbar. Damit verringert sich das Vertrauenskapital, das sie aufbauen müssen.

Die Akteure nehmen weitere Kosten in Kauf: Sie müssen sich kennen; im Fall eines Konflikts gibt es keinen Staat, sondern nur die anderen, gleichgestellten, an die man appellieren kann; die kleinen Transaktionen erlauben keine Skaleneffekte. Darüber hinaus gibt es kaum oder selten integrierte Unternehmen. Jeder konzentriert sich also auf seine Tätigkeit.

Vertrauen ist effizient

Auf den ersten Blick scheint diese auf Vertrauen basierende Wertschöpfungskette ineffizient zu sein. Für den einzelnen Händler ist es sicher günstiger, auf das Vertrauenskapital zu verzichten. Aber dem Markt insgesamt ist damit nicht gedient. Denn mit weniger Vertrauenskapital erhöhen sich die besonderen Risiken dieses Handels. Die Händler wissen also sehr wohl: Vertrauen ist ihr Input und Kapital. Im Kartell sichern sie ihre Versorgung, aber auch die Qualität der Produkte.

Eine staatliche Einmischung und eine Formalisierung des Handels führen zu Mehrkosten in Sachen Logistik, Recht und „Compliance". Die staatliche Einmischung führt vor allem zur Anonymisierung und damit zum Verlust an Vertrauen. Höhere Kosten auf der einen Seite und weniger Kapital auf der anderen führen unweigerlich zum Aufstieg integrierter Unternehmen – und damit zum Ausscheiden der Kleinhändler aus der Wertschöpfungskette.

Genau dieser Prozess ist heute im vollen Gange. Seit etwa 15 Jahren lassen sich britische und amerikanische Behörden nicht mehr davon abbringen, zu intervenieren. De Beers, eine Firma, die einst lediglich Diamanten abbaute, mutierte zum integrierten Konzern. Sie verkauft Diamanten an den Endkunden direkt. Indische Unternehmen – ebenso vertikal-integriert – benutzen den indischen Staat, um Kleinhändler aus dem Markt zu drängen. In den USA ersetzen Online-Plattformen immer mehr den direkten Austausch.

Es bringt freilich nichts, die gute alte Zeit des direkten Diamantenhandels zu beweinen. Aber als Fallstudie dient sie allemal. Sie zeigt, dass gut funktionierende Netzwerke oft besser funktionieren als staatliche Regelungen. Sie zeigt auch, dass, wo der Staat eingreift, sich andere Akteure bereit machen, davon zu profitieren – auf Kosten der ersten.

Literatur

Richman, Barak D. Stateless Commerce: The Diamond Network and the Persistence of Relational Exchange. Harvard University Press, 2017.
Vanneste, Tijl. Global Trade and Commercial Networks: Eighteenth-Century Diamond Merchants. Routledge, 2015.

Naipaul, Freiheit, Imperialismus
Der Literaturnobelpreisträger starb am 11. August 2018

Der Literaturnobelpreisträger Sir Vidiadhar Surajprasad Naipaul ist am 11. August 2018 gestorben. Ein Liberaler war er nicht – am ehesten war er ein Kämpfer für das Individuum, für die Freiheit und für die freie Meinungsäußerung. Naipaul war vor allem ein politisch inkorrekter Chronist und scheute sich nicht vor unbequemen Aussagen wie: „Der Imperialismus war nicht so schlecht."

Geboren 1932 auf Trinidad, war Naipaul der Sohn indischer Vertragsarbeiter. Viele Leute kamen aus Indien in die britische Inselkolonie, um dort als Aufseher auf Plantagen oder Ähnliches zu arbeiten. Naipaul selber ging in die Schule und erlangte ein Stipendium in Oxford, wo er auch studierte. Nach journalistischen Anfängen widmete er sich ganz der Schriftstellerei. Sein Werk ist vielfältig und als Chronik seiner vielen Reisen und Erlebnisse zu lesen.

Dunkles Indien, gefährlicher Islam

Trotz seiner indischen Herkunft zeichnete er Indiens Kultur als eine dunkle Vermischung von Macht, Unterdrückung und Respektlosigkeit. In dieser Plörre habe das Individuum keinen Platz und sei deshalb nichts wert. Selbst wenn es gute Ideen hätte und arbeitsam wäre, würde es von der Logik des machthungrigen, respektlosen Kollektivismus unterdrückt. Naipaul zögerte auch nicht, das von London abhängige Indien als besser als das unabhängig gewordene Land darzustellen.

Seine wiederholten Besuche muslimischer Länder und das hautnahe Miterleben der iranischen Revolution prägten sein negatives Bild vom Islam. Er stellte diese Religion als eine inhärent gewalttätige und totalitäre Ideologie dar. Darin habe weder das Individuum noch die Freiheit einen Platz. Den muslimischen Ländern stellte er ewige Unterentwicklung in Aussicht.

Wirres Afrika, verlorene Karibik

In Afrika beschrieb er die Erfindung von vorkolonialen Traditionen, die die neue Unabhängigkeit jener Staaten legitimieren sollte. Geleitet von den (marxistischen) Untersuchungen Terence Rangers beschrieb Naipaul, wie sich selbst inszenierende „Häuptlinge" – die es im vorkolonialen Afrika nicht gab – theatralisch eine abstrakte Demokratie nachstellten. Generell fand er die *mimic men* interessante Charaktere. Sie spielen etwas vor – Tradition, Demokratie, Freiheit –, was sie weder kennen noch schätzen.

Selbst die Karibik wurde von Naipauls Feder nicht verschont. Natürlich sah er, dass eine koloniale Gesellschaft, die weitgehend von monokultureller Plantage-Ausbeutung mittels Sklaverei lebte, nicht leistungsfähig sein kann. Seine Kritik richtete sich jedoch gegen jene, die selbst nach den Unabhängigkeiten und der Abschaffung der Sklaverei nichts taten, um die Sache zu ändern. Den befreiten Sklaven sagte er: „Nur weil du einmal Sklave warst, musst du nicht in alle Ewigkeit darunter leiden."

Rundum-Kritik

Naipauls Stil war die Chronik. Schnörkellos und unter Rückgriff auf die Alltagssprache versuchte er, seine Beobachtungen tragisch-komisch wiederzugeben. Seine Charaktere zeichnen sich meist durch dümmliches Verhalten, Disziplinlosigkeit oder puren Prestige-Hunger aus und sind meist erfolglos. In den Romanwerken legte er seine Meinung oft einem unbeteiligten Beobachter in den Mund. Beispiele dafür sind – neben den bereits zitierten: „Den Briten verdanken wir Zivilisation, uns selber verdanken wir das Böse", „Rassismus ist schlecht, aber verständlich".

Wegen seiner Abrechnung mit der unterentwickelten Welt und seiner wohl zu positiven Einschätzung des Imperialismus wurde Naipaul heftig kritisiert. Er wurde beschuldigt, „aus der Perspektive der Kolonialherren" zu schreiben. Eine Zeitlang wurden seine Bücher in Indien nicht verkauft. In vielen islamischen Ländern sucht man auch heute vergebens danach. Aus der liberalen Perspektive könnte man ihm vorwerfen, ein Leben lang nur Problembeschreibung betrieben zu haben. Zudem scheinen viele Werke von Fatalismus geprägt, was auch nicht besonders freiheitlich ist.

Freiheit und Meinungsäußerung

Trotzdem ist Naipaul nicht nur ein großer Literat, sondern auch ein Kämpfer für den Wert des Individuums. Er merkte, dass Freiheit ohne freie Meinungsäußerung keine echte Freiheit ist. Und im ausgehenden Imperialismus war er einer der wenigen, die aufzeigten, dass der Ersatz Londons durch einen unabhängigen Staat letztlich nichts als ein Verharren im Kollektivismus war; zumal die neuen Staaten viel übergriffiger regierten, als die britische Krone es je tat.

Der freiheitliche Naipaul scheute sich nicht, Verantwortung für sein Leben zu tragen. Als er meinte, die britische Gesellschaft werde zunehmend rassistisch gegenüber Indischstämmigen, verkaufte er sein Haus in London und zog ins Ausland. In Umkehrung der Äußerung einer seiner Romanfiguren gab er persönlich einer Zeitung zu Protokoll: „Rassismus ist verständlich, aber schlecht für mich."

Literatur

Krishnan, Sanjay. „VS Naipaul and historical derangement." Modern Language Quarterly 73.3 (2012): 433–451.
Nandan, Kavita. „VS Naipaul: A diasporic vision." Journal of Caribbean Literatures 5.2 (2008): 75–88.

Innovationsmythologie
Sharing Economy ist nichts Neues

„Sharing Economy", „Plattformökonomie", „Innovation", „Disruption" und „schöpferische Zerstörung". Diese Ausdrücke klingen gut. Doch was sie genau bedeuten, bleibt oft obskur. Meist sagen sie nichts Neues aus.

Sharing Economy: Das Teilen von Kapitalgütern ist ein Wesenszug der Marktwirtschaft. Nicht umsonst heißt die Aktiengesellschaft auf Englisch *shareholders' company*. Unternehmer kommen zusammen, um Kapital, Risiko und Gewinn zu teilen. Aber auch hinter dem Restaurant steht die gleiche einfache Idee: Die Gäste teilen sich einen Raum, und der Restaurantbetreiber teilt die Lebensmittel, die er auf Vorrat gekauft und in Übermenge zubereitet hat, mit seinen Gästen.

Teilung von Kapital, Arbeit, Wissen und anderem steht am Anfang von jedem Marktprozess. Auch ist die Teilung von Überkapazitäten nichts Neues. Der Verkauf von Nutzungsrechten an Überkapazitäten ist das eigentliche Geschäftsmodell von Telekommunikationsanbietern, Fluggesellschaften, Hotels, Auftragsmanufakturen unter vielen anderen.

Auch kleine Anbieter teilen ihre Überschüsse. Wenn sie sich verbünden, können sie sogar von Skalen- und Breiteneffekten profitieren. Sie bündeln also Angebot oder Nachfrage. Deswegen gibt es ja auch Einkaufsgenossenschaften, Mitfahrtzentralen und Einkaufszentren. Mit der

H. Schneider, *Freiheit: Stationen einer Idee*,
https://doi.org/10.1007/978-3-658-51604-8_40

technischen Entwicklung ist es noch einmal günstiger geworden, die ganz kleinen Überschüsse und Überkapazitäten zu bündeln. Für die Bündelung braucht es Mittler oder Agenten, oder „Plattformen", wie sie sich neuerdings nennen.

Plattform

Eine Plattform ist eine Form der Marktintermediation, die genau diese Allokation kleiner Überschüsse und Überkapazitäten durch Aggregation und Senkung der Transaktionskosten ermöglicht. Im Minimum aggregiert die Plattform selbstständige Nachfrager und selbstständige Anbieter; oft geht sie darüber hinaus und setzt Qualitätskriterien, Transparenzstandards, Zahlungsmodalitäten und etwa Preisbestandteile fest.

Dabei ist die Plattform an sich von den Nachfragerinnen und Anbieterinnen, die sie nutzen, zu unterscheiden. Der Intermediär hat zwar ein Interesse an der Löschung eines bestimmten Marktes. Aber er ist selber Akteur in einem anderen Markt. Während beispielsweise die europäische Strombörse existenziell davon abhängt, dass Stromproduzenten ihre Kapazitäten an Stromnachfrager verkaufen, handelt die Börse an sich nicht mit dem realen Gut Strom. Ihr Markt ist die Bereitstellung von Intermediationskapazität.

Ähnlich sind Uber, Airbnb oder Eatwith nicht Anbieter von Taxifahrten, Hotelzimmern oder Mittagsmenüs. Sondern sie bieten die Vermarktungs-, Zahlungs- und Abwicklungs-Dienstleistung für eine Vielzahl von Kunden an. Ihre Kunden sind auf der einen Seite die Anbieter von Nutzungsrechten an ihren eigenen Überkapazitäten und auf der anderen Seite die Nachfrager nach dieser Nutzung.

Durch diese zweiseitige Aggregation setzten Skalen- und Breiten-Effekte ein. Damit senkt die Plattform die Durchschnittskosten und kann oft die Grenzkosten eliminieren – das gilt freilich nur für die intendierten Transaktionen und nicht für die angebotenen Kapazitäten an sich. Je breiter die Plattform nachfrage- und angebotsseitig aufgestellt ist, desto stärker sind ihre Netzwerkeffekte. Diese sind die Summe aus gesunkenen Durchschnitts- und Grenzkosten an Transaktionen, Marktverbreitungs-, Wiedererkennungs- und Transparenzeffekten.

Wer nun die Rolle der Plattform, des Intermediärs also, übernimmt, ist sekundär. Sie kann von Agenten, die von Marktplatz zu Marktplatz umziehen, ebenso wie von Zeitungen und Zeitungsannoncen sowie von Internetpräsenzen erfüllt werden.

Innovation

Was ist also das Neue oder Innovative an den Plattformen? Es kommt darauf an, was man unter „Innovation" versteht. Wird „Innovation" als fortdauernder Neuerungsprozess verstanden, ist jede Produktänderung, jede Marketingmaßnahme, jede Markterschließung und jede Neuausrichtung des Geschäftsmodells eine Innovation. Es ist die unternehmerische Wachsamkeit, die Neuerungen oder Innovationen Schritt für Schritt vorantreibt.

Der Mechanismus dieser Art von Innovation ist einfach zu erfassen: Ein Unternehmer beobachtet eine Friktion im Marktprozess und ist oft überrascht, dass es erstens diese Friktion gibt und zweitens noch niemand ein Gut gefunden oder erfunden hat, um die Friktion gewinnbringend zu beheben. Also tut er es selber. Die Wachsamkeit kann auch als ein fortwährender Prozess verstanden werden, Friktionen zu suchen und zu beheben. Diese kontinuierliche Neuerung ist dann die Innovation.

Dass Innovationen also störend oder unterbrechend sind, darf nicht überraschen. Es ist gerade ihr Ziel, eine Friktion in den Marktprozessen zu unterbrechen und zu korrigieren. Dies kann freilich für all jene, die die Friktion akzeptierten, sie nicht bemerkten oder sich gewinnbringend um sie positionierten, zum Problem werden. Das ist die „Disruption".

Disruption

Damit zeigt sich ein Wesenszug der Innovation. Sie ist nicht ein Tatbestand, der mit einem objektiven Maßstab bewertet werden kann. Sie ist vielmehr eine Frage der Relation und kann nur subjektiv bewertet werden. Diese subjektive Bewertung betrifft alle ihre Aspekte – sowohl ihre Kosten als auch die mit ihr erwirtschafteten Gewinne wie zuletzt auch den Effekt ihrer „Disruption". Diese subjektive Bewertung erlaubt auch den verschiedenen Marktakteuren, je eine eigene Strategie zu entwickeln, wie mit ihr umzugehen ist.

Eine Sonderform der Innovation ist hingegen die „schöpferische Zerstörung". Die Idee hier ist: Ein Unternehmen setzt Kapital gezielt ein, um nicht nur einen Markt oder ein Gut zu revolutionieren, sondern um damit auch alle Konkurrenten aus diesem Markt zu verdrängen. Das Unternehmen will also ein Monopol aufbauen. Es müssen also drei Kriterien kumulativ erfüllt werden: erstens die gezielte Anhäufung von Kapital; zweitens die gezielte Revolutionierung eines Marktes; drittens die Schaffung eines neuen Monopols.

Die Fälle, die Joseph Schumpeter vor Augen hatte, als er den Begriff der „schöpferischen Zerstörung" entwickelte, waren Unternehmen im Öl- und Plastiksektor. Die Skaleneffekte im Ölsektor waren das Ergebnis bewusster, zweckgerichteter Kapitalakkumulation, des Einsatzes von Kapital und dem Willen, letztlich nur eine einzelne Ölförderungsgesellschaft zu etablieren. Die Innovation, die zur schöpferischen Zerstörung führen sollte, waren die Skaleneffekte. Bei der Plastikherstellung war die Innovation die neue Verbindung, ihre Patentierung (das heißt die damit einhergehenden Exklusivitätsrechte) und ihr vielfältiger Anwendungsbereich; also eine Verbindung aus Produktmerkmalen und Marktmerkmalen.

In allen Formen der intendierten schöpferischen Zerstörung werden nicht nur Konkurrenten aus einem Markt gedrängt, sondern auch Markteintrittsbarrieren geschaffen. Das wundert nicht, denn der schöpferische Zerstörer muss das für die Zerstörung eingesetzte Kapital wiedergewinnen. Diese Barrieren setzten aber voraus, dass der Zerstörer selbst und alleine den Markt unterhalten kann.

Was nun?

Diese Auslegeordnung führt zu einer vergleichsweise einfachen Folgerung: Das Angebot von Nutzungsrechten an Überkapazitäten ist Teil jeglichen Marktprozesses. Als Intermediäre ermöglichen Plattformen, dass gerade kleine Anbieter kleiner Überkapazitäten Zugang zum Allokationsmechanismus der Marktprozesse erhalten. Ihnen gelingt dies durch die Umsetzung von Netzwerkeffekten. Ob das nun eine unternehmerische Innovation ist oder nicht, hängt vom Innovationsverständnis ab. Aber ökonomisch ist das alles nicht neu.

Literatur

Christensen, Clayton M. The innovator's dilemma: when new technologies cause great firms to fail. Harvard Business Review Press, 2015.

Arcidiacono, Davide, Alessandro Gandini, und Ivana Pais. „Sharing what? The 'sharing economy'in the sociological debate." The Sociological Review 66.2 (2018): 275–288.

Von Hongkong lernen
Proteste in der Sonderverwaltungszone gegen den wachsenden Einfluss Chinas

Zwischen 2014 und 2020 ging die Bevölkerung Hongkongs wiederholt auf die Straße, um für die eigene Freiheit zu protestieren. Und in Europa? Da wird geschlafen, verdrängt und gekuscht. Es ist Zeit, von Hongkong zu lernen.

Die Ausgangslage mutet technokratisch an. Hongkong war einmal eine britische Kolonie. Nach seiner Übergabe an China verpflichtete sich das Reich der Mitte, bis zum Jahr 2022 das Prinzip „Ein Land – zwei Systeme" aufrechtzuerhalten. Verbrieft darin sind viele Individual- und Freiheitsrechte der Einwohner Hongkongs.

Doch diese sehen ihre Rechte immer stärker von der Parteiverwaltung in Peking eingeschränkt. Schon im Jahr 2014 gingen Millionen auf die Straße, um gegen das absolut undemokratische Wahlverfahren für den Chief Executive – den Regierungschef, das höchste Amt der Exekutive – zu protestieren. Die Proteste wiederholten sich über sieben Jahre. Ihr Ziel ist, ein sogenanntes Auslieferungsgesetz abzuschießen. Das hätte die Auslieferung von Einwohnern Hongkongs auch an Staaten, mit denen Hongkong kein entsprechendes Abkommen hat, ermöglicht.

Der Grund für dieses Gesetz war ebenso technokratisch: Eine Person aus Hongkong wurde nämlich verdächtigt, die Freundin in Taiwan er-

H. Schneider, *Freiheit: Stationen einer Idee*,
https://doi.org/10.1007/978-3-658-51604-8_41

mordet zu haben. Hongkong hat kein Auslieferungsabkommen mit Taiwan. Um einer Bitte der Justiz Taipehs nachzukommen – und einer internationalen Gepflogenheit –, hätte das entsprechende Gesetz in Hongkong geändert werden müssen.

Freiheit, nicht Technokratie

Gerade dieser technokratische Zusammenhang interessierte die Bevölkerung in Hongkong nicht. Die Millionen von Demonstranten gingen auf die Straße gegen das Gesetz, weil sie darin die weitere Einschränkung ihrer Freiheitsrechte sahen. Die Protestbewegung hat nicht den Buchstaben, sondern die Dynamik des Gesetzes zu Fall gebracht.

Die Bevölkerung von Hongkong hat jenseits von Technokratie, internationalen Standards und völkerrechtlichen Gepflogenheiten geblickt. Sie hat den vereinnahmenden Einfluss der Volksrepublik China erkannt. Im Geist des ach so technokratischen Gesetzes hat die Bevölkerung Einfallstore für Machtansprüche aus Peking gesehen. Wegen der Dynamik des Gesetzes ging man und geht man auf die Straße.

Lektionen für Europa

Unterschiedlicher könnte das Denkmuster in Europa nicht sein. In Hongkong wird der Geist eines Gesetzes sofort erfasst. In Europa wird das Möglichste getan, um nur das Technokratische zu sehen. Das Technokratische, die sogenannten internationalen Standards und die supranationalen Gepflogenheiten, werden auch immer als moralisch gut beurteilt. Egal, wie sehr sie das Individuum einschränken. Es wird zur Rechtfertigung immer gesagt, es handle sich um ein höheres Gut, das es umzusetzen gelte. (Welches denn?) Oder es wird einfach gekuscht. Der Staat oder die EU wollen es halt so.

Einschränkung des Steuerwettbewerbs, Verbot von Technologieunternehmen, Internet-Zensur, Ausbau des Sozialstaates um Menschen, die keine Leistungen an die Sozialversicherungen erbringen. Das sind alles Beschlüsse, die die Politik in der EU und in diversen europäischen Staaten gefasst hat. Die Dynamik dieser Änderungen wollen nur die wenigsten wahrhaben. Sie werden stets technokratisch gerechtfertigt.

Es wird dabei verkannt, dass alle diese Beschlüsse direkte Angriffe gegen das Individuum sind. Mehr noch: Langfristig gefährden sie Wohlstand und Lebensqualität. Ob die europäische Regulierungswut oder die China-Gesetze in Hongkong, sie alle greifen die persönliche Freiheit an. Nur: In Hongkong protestiert die Bevölkerung dagegen. In Europa wird gekuscht.

Literatur

Lee, Wei-chin. Protests, Pandemic, and Security Predicaments: Hong Kong, Taiwan, China, and the US in the 2020s. Springer Nature, 2023.
Purbrick, Martin. „Hong Kong: the torn city." Asian affairs 51.3 (2020): 463–484.

Kapitalismus, die große Verbesserung
Er bringt Menschen zusammen und setzt auf individuelle Freiheit

Der Kapitalismus ist umstritten. Nicht nur Linke lehnen ihn ab. Auch unter Liberalen stößt der Begriff nicht auf uneingeschränkte Zustimmung. Dabei ist seine Bilanz gar nicht so schlecht.

Joseph Schumpeter würdigte in seinem im Jahr 1942 erschienenen Buch „Kapitalismus, Sozialismus und Demokratie" zwar die Leistungen des Kapitalismus. Doch er sah inhärente Selbstzerstörungskräfte am Werk: Großunternehmen, schöpferische Zerstörung und die Kumpanei mit der Politik würden in den Sozialismus führen. Sein Verdikt mutet fast schon fatalistisch an: Der Sozialismus ist das „natürliche Erbe" des Kapitalismus.

Schon zuvor, nämlich im Jahr 1931, zog Wilhelm Röpke eine ähnliche Bilanz. „Entscheidend für die Beurteilung des Kapitalismus ist der Umstand, dass er gerade heute, wo er den schärfsten Angriffen ausgesetzt ist, fast bis zur Unkenntlichkeit durch wesensfremde Eingriffe der verschiedensten Art entstellt und verzerrt ist. Direkte Preismanipulationen durch den Staat, Höchstpreiswirtschaft, ein immer komplizierter werdendes

© Der/die Autor(en), exklusiv lizenziert an Springer Fachmedien Wiesbaden GmbH, ein Teil von Springer Nature 2026
H. Schneider, *Freiheit: Stationen einer Idee*,
https://doi.org/10.1007/978-3-658-51604-8_42

System des Schutzes der heimischen Produzenten, Verwendungszwang und Verbrauchsvorschriften, ‚politische' Lohnbildung, immer weiteres Hinauswagen der öffentlichen Hand, kurz: Eingriffe, Kollektivismus und Planwirtschaft auf der ganzen Linie."

Viel tragischer als die Eingriffe war für Röpke der Umstand, dass sogenannte Kapitalisten sich fein damit arrangierten. Noch verzweifelter als Schumpeter stellte er die Frage: „Kann man das noch Kapitalismus nennen? Sollte man es nicht lieber Subventionismus, Interventionismus oder Pseudokapitalismus taufen?"

Probleme, aber nicht nur

Zugegeben: Der Kapitalismus ist voller Probleme. Die Anreize zur Kumpanei mit der Politik, die er in sich trägt, haben großes Schadenspotenzial. Das hatte im Übrigen auch schon Adam Smith erkannt. Und trotzdem ist der Kapitalismus leistungsstark. Die zeitgenössische Wirtschaftshistorikerin Deirdre McCloskey nennt in ihren Untersuchungen, die gerade mit Adam Smith anfangen, die Geschichte des Kapitalismus *The Great Enrichment* („die große Bereicherung").

Die Fakten geben ihr recht. Dort, wo eine wie auch immer adjektivierte Marktwirtschaft zum Tragen kam, produzierte sie große Gewinne. Diese Gewinne stellten zeitversetzt viele – wenn nicht alle – Menschen besser. Nicht nur der Reichtum, sondern auch die allgemeine Lebensqualität der Menschen hat sich seit 1750 um beinahe das 30-Fache verbessert, so McCloskey.

Gleichzeitig machten sich andere Erkenntnisse breit, die zwar weder kausal noch notwendigerweise, aber doch „irgendwie" mit dem Kapitalismus zusammenhängen: Kommerz ist eine bessere Austauschmethode als Krieg und Zwang; individuelle Verantwortung ist eine bessere gesellschaftliche Organisationsform als Stände und Klassen. Der Kapitalismus ist also nicht nur „die große Bereicherung", sondern sogar „die große Verbesserung".

Lösungen, aber nicht nur

Woher kommen die großen Leistungen des Kapitalismus? In Kürze: Er ist ein inklusives und konstruktives System zur Problemlösung. Wenn Probleme gelöst werden, entsteht Wirtschaftswachstum und Verbesserung der Lebensqualität. Das braucht eine kurze Erklärung.

Was auch immer das „Problem" ist, es ist auf Knappheit zurückzuführen. Knappheit ist dabei vielfältig. Sie kann der Mangel an Ressourcen, der Mangel an Alternativen oder einfach nur Mangelempfinden sein. Auf jeden Fall motiviert die Knappheit zur Handlung, um das Problem zu beheben. Der Kapitalismus versteht die Knappheit also nicht als „Fluch" oder als unverrückbaren Zustand, sondern als, im wahrsten Sinne des Wortes, Problem – vom Griechischen *problema*, „das Vorgelegte", das, was zur Lösung vorgelegt wurde.

Und wie löst der Kapitalismus die Probleme? Indem er Menschen in Kooperationen zusammenbringt und sie gemeinsam die Lösung konstruieren lässt. Der Kapitalismus ist so stark, dass er diese Koordination von Ressourcen, Wissen und Risiko über mehrere Stufen, über eine lange Zeitdauer und sogar stillschweigend zustande bringt. Der Kapitalismus ist also ein Verfahren zur dezentralen, auch kompetitiven, Konstruktion von Lösungen. Dafür braucht er nur Eigentumsgarantie und daraus entspringende Regeln.

Eine positive Bilanz

Mit seinem dynamischen Problemlösungskonzept ist der Kapitalismus viel inklusiver und konstruktiver, als alle Ordnungen vor ihm es waren. Auch die heute von den Kritikern vorgeschlagenen Alternativen können dem kapitalistischen Potenzial nicht gleichkommen. Denn nur im Kapitalismus wird Diversität in Kapital und damit in Reichtum und Lebensqualität umgewandelt.

Irren sich also Röpke und Schumpeter? Nein. Denn trotz aller Leistungen ist der Kapitalismus immer in Gefahr. Immer wieder wird er von außen, aber auch von innen auf die Probe gestellt. Trotzdem verfügt er über die Ressourcen zur Selbstreinigung. Denn er setzt auf die wichtigste Ressource überhaupt, auf die Denk- und Handlungsfreiheit des Individuums.

Literatur

McCloskey, Deirdre Nansen. Bettering humanomics: A new, and old, approach to economic science. University of Chicago Press, 2021.
Meltzer, Allan H. Why Capitalism?. Oxford University Press, 2012.

„Das ist ohne Bedeutung"

75 Jahre Mont Pelerin Society: Liberale Vision statt Mission

Ihr Name ist die Bezeichnung eines Ortes. Ihre Gründer haben sich beinahe nicht auf ihren Zweck verständigt. Seit ihrer Konstituierung hat sie keine weiteren Erklärungen abgegeben oder Positionen bezogen. Bei der Mont Pelerin Society MPS sind dies Zeichen der Stärke.

Heute funktioniert sie als Vernetzungsplattform für Liberale. Von Anarcho-Kapitalisten über Anhänger der Österreichischen Schule, des Ordoliberalismus, des Monetarismus, der neuen Institutionenökonomik bis hin zu den *Bleeding-heart libertarians* und Objektivsten treffen sich in der MPS. Sie diskutieren, tauschen sich aus, knüpfen Kontakte, erleben Gemeinsames und können damit intellektuelle und emotionale Ressourcen für ihr jeweiliges liberales Wirken generieren. Würde die MPS nicht so offen sein, wäre sie längst in Vergessenheit geraten.

Offen sein heißt, die verschiedenen Strömungen des Liberalismus zu akzeptieren und einen Diskurs zwischen ihnen zu ermöglichen. Denn der Liberalismus ist segmentiert.[1] Verschiedene Varianten stehen im

---

[1] Für gelungene Bespiele dafür, wie verschiedene Strömungen im Liberalismus miteinander wettstreiten aber auch einander ergänzen können, wenn sie in den Dialog treten und sich gegenseitig herausfordern, siehe Boettke, Peter. *Living Economics: Yesterday, Today, and Tomorrow.* Independent Institute, 2012.

© Der/die Autor(en), exklusiv lizenziert an Springer Fachmedien Wiesbaden GmbH, ein Teil von Springer Nature 2026
H. Schneider, *Freiheit: Stationen einer Idee,*
https://doi.org/10.1007/978-3-658-51604-8_43

Wettbewerb zueinander, teils mit komplementären, teils mit konträren Positionen.[2] Hätte sich die MPS von Anfang an einem spezifischen Segment angeschlossen, hätte sie die anderen ausgeschlossen; damit wäre sie selbst segmentär gewesen. Sie hat es nicht getan und wurde deshalb zur großen Plattform – zur einzigen –, auf der sich alle liberalen Denkrichtungen treffen können. Das ist die historische, aber auch aktuelle und künftige Bedeutung der MPS.

Diese Offenheit ist das Ergebnis eines Kampfes in ihrer Gründungsphase. Kampf heißt hier: Intellektuelle Auseinandersetzung mit sich selbst. Denn die Erkenntnis, dass eine offene Gesellschaft von Menschen, die eine Vision teilen, allen anderen Organisationsformen überlegen ist, kam erst nach langen Debatten und viel Selbstüberwindung. Es lohnt sich, diesen Prozess besser zu verstehen, um die heutigen Stärken der MPS und ihr Potenzial für die Zukunft des Liberalismus besser einzuschätzen.

Die Mission Hayeks

Zu Beginn war es nicht vorauszusehen, dass die MPS zu einer offenen Plattform werden sollte. Friedrich August von Hayek hatte sich nämlich selbst eine Mission gegeben, eine liberale Organisation aufzubauen. Sie sollte einerseits Denker zusammenbringen und andererseits als Organisation für bestimmte Desiderata – Wettbewerbsordnung, Rechtsstaat, ethische Werte, die man aus heutiger Warte generell als konservativ bezeichnen würde – eintreten.

Er macht sich an sein Werk: Minutiös organisiert er das erste Treffen. Die finanziellen Mittel, das Programm und die eigeladenen Gäste sind die Resultate seiner Arbeit. Er meint deshalb dann auch, die Ergebnisse der ersten Zusammenkunft von Knaben und einer Dame, der Historikerin Cicely Veronica Wedgwood (1910–1997), unter Kontrolle zu haben.[3]

---

[2] Das Segmentäre ist kein Sondergut des Liberalismus. Auch andere Denkrichtungen und ökonomische Schulen sind segmentiert – man denke etwa an Keynesianismus, Neo-Keynesianismus, Neues Keynesianische Denken und Post-Keynesianismus.

[3] Eine umfassende Darstellung und Analyse der Gründung und des weiteren Wirkens der MPS auf Deutsch ist Plickert, Philip. *Wandlungen des Neoliberalismus: Eine Studie zu Entwicklung und Ausstrahlung der „Mont Pèlerin Society".* de Gruyter, 2008.

Weit gefehlt.[4] Die Vielfalt des liberalen Denkens wird schon in der ersten Tagungsrunde deutlich. Der Wettbewerb und seine institutionelle Einbettung in eine rechtstaatliche Ordnung (Stichwort: Kartellgesetz) ist eines der wichtigsten Anliegen Hayeks. Schon hier gehen die Meinungen der Teilnehmer auseinander. Statische Modelle prallen in der ersten Diskussion auf dynamische Vorstellungen von Marktprozessen und Innovation. Auch die Frage, ob private oder staatliche Monopole besser seien, dividiert die Runde. Letztlich gibt es nicht einmal eine Einigung darüber, ob der Staat überhaupt in der Lage ist, den Wettbewerb zu garantieren.[5]

Das andere Anliegen Hayeks ist die Sicherung des Rechtsstaates. Auch hier kann kein Konsens gefunden werden. Die Teilnehmer sind sich nicht im Klaren, ob der Staat die Ordnung einer Gesellschaft oder Gemeinschaft sein soll. Sie debattieren über private und staatliche Macht. Während einige den Wettbewerb als Mittel gegen staatliche Macht sehen, sind andere der Meinung, individuelle Abwehrrechte gegen staatliche Intervention seien es. Andere argumentieren wiederum für eine internationale Ordnung als institutionelle Sicherheit gegen ungebührlicher staatlicher Machtausübung. Und überhaupt: Wie weit darf der Rechtstaat, soweit er überhaupt mit dem Liberalismus kompatibel ist, gehen? Auch hier ist man sich aus guten Gründen uneins.[6]

Über den Gemütszustand Hayeks während diesen Debatten weiß man nichts. Denn aus seinen wichtigsten Anliegen, der Sicherung der Wettbewerbsordnung im Rechtsstaat, wird nichts. Immer mehr Fragen werden im Zusammenhang mit dem, was er vor der Zusammenkunft als gegeben und vielleicht auch indiskutabel ansah, in den Raum gestellt und nicht beantwortet.

Trotzdem merkt Hayek – ob intuitiv oder reflektiert, ist ungewiss: Die Diskussionen sind produktiv. In ihnen entwickeln sich Argumente weiter und werden dadurch besser. Der Kampf um Argumente schärft die intellektuelle Waffe. Vielleicht liegt der Wert der Runde gerade in der Förderung der Diskussion? Normativ sind die Teilnehmer gleich oder ähnlich

---

[4] Caldwell, Bruce (Hrsg). *Mont Pèlerin 1947: Transcripts of the Founding Meeting of the Mont Pelerin Society*. Hoover Institution Press, 2022. Die Übersetzungen ins Deutsche stammen von Henrique Schneider. Die Materialien werden nach den Sessionen der Tagung zitiert.

[5] *Mont Pèlerin 1947*, Sessionen 2 und 3.

[6] *Mont Pèlerin 1947*, Sessionen 4, 5 und 9.

gesinnt; was unterschiedlich und bereichernd wirkt, ist die Vielfalt ihrer Argumente. Deshalb erkennt irgendwann während der Konferenz Hayek selbst, dass die Teilnehmer nicht hinter seine Mission zu vereinigen sind. Aber sie teilen eine Vision, eine gemeinsame Vorstellung der Zukunft. Wie diese Vision genau umgesetzt wird, darüber sind sie sich uneins. Genau das kann die Aufgabe eines Vereins werden: Leute, welche die Vision teilen, zusammenzubringen und ihren Austausch zu befördern.

Vor dem Eintreten dieser Erkenntnis ist jedoch Hayek immer noch der Überzeugung, die Konferenz soll mit einem klaren Ergebnis in Form einer Erklärung und der Gründung eines Vereins enden. Aufgrund der Diskussionen sieht er ein, dass es ihm wohl nicht gelingen wird, eine gemeinsame Abschlusserklärung zu machen. Doch mehrere Teilnehmer zeigen sich offen bezüglich der Gründung eines Vereins. Und so denkt Hayek, einige seine intellektuellen Anliegen in den Vereinszwecken zu verankern.

Vereinszwecke zum Ersten

In der ersten Woche der Zusammenkunft, am 4. April, formierte Hayek mit Zustimmung der Teilnehmer einen Ausschuss für die Formulierung des Zwecks des künftigen Vereins. Der Ausschuss besteht aus Hayek und John Jewkes, Walter Eucken, Carl Iversen, Harry Gideonse sowie Henry Hazlitt. Bereits am 7. April kann die Gruppe einen Vorschlag vorlegen:

Eine Gruppe von Personen, welche die Gesellschaft studieren, traf sich vom 1. bis 10. April 1947 auf dem Mont Pelerin in der Schweiz, um über die Grundlagen der Erhaltung einer freien Gesellschaft zu diskutieren. Für eine fruchtbare Zusammenarbeit bei der Ausarbeitung dieser Grundsätze sind sie der Meinung, dass Mittel zur Aufrechterhaltung eines engeren Kontakts zwischen all jenen aufrechterhalten werden sollten, die im Wesentlichen die folgenden Überzeugungen teilen:

1. Die Freiheit des Einzelnen kann nur in einer Gesellschaft bewahrt werden, in der ein wirksamer Wettbewerbsmarkt die Hauptinstanz für die Lenkung der Wirtschaftstätigkeit ist. Nur die Dezentralisierung

der Kontrolle durch privates Eigentum an den Produktionsmitteln kann jene Machtkonzentrationen verhindern, die die individuelle Freiheit bedrohen.

2. Die Freiheit des Verbrauchers, zu wählen, was er kaufen will, die Freiheit des Produzenten, zu wählen, was er herstellen will, und die Freiheit des Arbeiters bei der Wahl seines Berufs und seines Arbeitsplatzes, sind nicht nur um die Freiheit selbst willen unerlässlich, sondern auch für die Effizienz der Produktion. Ein solches System der Freiheit ist unerlässlich, wenn wir im Sinne der individuellen Befriedigung von Bedürfnissen die Ergebnisse der Produktion maximieren. Die Abweichung von diesen individuellen Freiheiten führt nicht nur zur Produktion von weniger Waren und Dienstleistungen, sondern auch zur Produktion der falschen Waren und Dienstleistungen. Wir können uns nicht bereichern, indem wir einfach zustimmen, Sklaven zu sein.

3. Alle vernünftigen Menschen glauben an die Planung für die Zukunft. Dies beinhaltet jedoch das Recht jedes Einzelnen, sein eigenes Leben zu planen. Dieses Recht wird ihm vorenthalten, wenn er gezwungen wird, seine eigene Initiative, seinen Willen und seine Freiheit den Erfordernissen einer zentralen Lenkung der Verwendung der wirtschaftlichen Ressourcen unterzuordnen.

4. Der Niedergang der Wettbewerbsmärkte und die Entwicklung hin zur totalitären Kontrolle der Gesellschaft sind nicht unvermeidlich. Sie sind das Ergebnis von falschen Vorstellungen über die geeigneten Mittel zur Sicherung einer freien und wohlhabenden Gesellschaft und der auf diesen Überzeugungen beruhenden Politik.

5. Die Aufrechterhaltung einer wirksamen Wettbewerbsordnung hängt von einem angemessenen rechtlichen und institutionellen Rahmen ab. Die bestehenden Rahmenbedingungen müssen erheblich geändert werden, um die Funktionsweise des Wettbewerbs effizienter und vorteilhafter zu gestalten. Die genaue Ausgestaltung des rechtlichen und institutionellen Rahmens, in dem der Wettbewerb am besten funktioniert und der das Funktionieren des Wettbewerbs ergänzt, ist ein dringendes Problem, über das ein kontinuierlicher Meinungsaustausch erforderlich ist.

6. Die Staatstätigkeit sollte so weit wie möglich durch den Rechtsstaat begrenzt werden. Staatliches Handeln kann nur dann berechenbar gemacht werden, wenn es durch feste Regeln gebunden ist. Aufgaben, die einen Ermessensspielraum der Behörden erfordern, sollten daher auf das unabdingbare Minimum reduziert werden. Aber es muss erkannt werden, dass jede Ausweitung der staatlichen Macht allmählich die minimale Basis für die Aufrechterhaltung einer freien Gesellschaft untergräbt. Generell ist ein automatischer Anpassungsmechanismus, auch wenn er unvollkommen funktioniert, jedem vorzuziehen, der von einer „bewussten" Steuerung durch staatliche Stellen abhängt.

7. Die Veränderungen in der gegenwärtigen Meinung, die für die Tendenz zum Totalitarismus verantwortlich sind, beschränken sich nicht auf wirtschaftliche Doktrinen. Sie sind Teil einer Bewegung von Ideen, die auch auf dem Gebiet der Moral und der Philosophie sowie in der Geschichtsschreibung zum Ausdruck kommt. Diejenigen, die sich gegen die Eingriffe auf die individuelle Freiheit wehren wollen, müssen ihre Aufmerksamkeit auf diese umfassenderen Ideen ebenso achten wie auf den rein wirtschaftlichen Bereich.

8. Eine freie Gesellschaft setzt vor allem einen allgemein akzeptierten Moralkodex voraus. Kodex. Die Grundsätze dieses Moralkodexes sollten für das kollektive Handeln ebenso wie das private Handeln bestimmen.

9. Zu den gefährlichsten intellektuellen Irrtümern, die zur Zerstörung einer freien Gesellschaft führen, gehören der historische Fatalismus, der an unsere Möglichkeit glaubt, Gesetze der historischen Entwicklung zu entdecken, die wir gehorchen müssen, und der historische Relativismus, der alle absoluten moralischen Maßstäbe leugnet und dazu neigt, jedes politische Mittel durch die Ziele zu rechtfertigen.

10. Der politische Druck hat neue und ernsthafte Bedrohungen für die Freiheit des Denkens und der Wissenschaft gebracht. Die vollständige geistige Freiheit ist so für die Verwirklichung aller unserer Ziele so wesentlich, dass keine Rücksicht auf die soziale Zweckmäßigkeit sie niemals beeinträchtigen darf.[7]

---

[7] *Mont Pèlerin 1947*, Session 12.

Schon auf dem ersten Blick wird deutlich, wie sehr sich diese Zwecke an die Hayek'sche Mission anlehnen. Zum Beispiel halten sich die ersten vier Punkte eng an die Vorträge Hayeks in der ersten Woche der Konferenz. Punkte fünf und sechs nehmen eine institutionelle Einbettung der ersten vier Punkte vor und verbinden somit Privatwirtschaft, Wettbewerb und Rechtsstaat. Punkte sieben bis zehn sind zwar weniger präzise, greifen aber weitere für Hayek wichtige Themen auf. Punkte sieben und acht stellen eine Verbindung von freier Gesellschaft zur Moral her. Dabei wird unklar belassen, ob Moral eher als Ethik zu verstehen ist, welche Ethik oder Moral gemeint ist und wie jene Verbindung zu einer freien Gesellschaft spezifisch erfolgen soll. Die letzten zwei Punkte nehmen eine Gegenwartskritik vor. Dabei lassen auch diese Punkte offen, wie der beklagte Zustand zu entgegnen ist und überhaupt was der Begründungszusammenhang für die Klage ist.

Das Problem dieses Entwurfs der Vereinszwecke ist nicht nur, dass sie die Mission Hayeks zum Ausdruck bringen – während der ersten Woche der Zusammenkunft wird deutlich, wie wenig die Teilnehmer für eine Mission zu gewinnen sind. Das Problem dieses Entwurfs zeigt sich vielmehr in seinen intellektuellen Unzulänglichkeiten, in seinen Inkonsistenzen und den Widersprüchen, in denen er sich verhakt. Die bombastische, besserwisserische und gleichzeitig parochiale Sprache tut ein weiteres, um diesen Text unhaltbar zu machen.

Etwa schon im ersten Punkt stellt sich diese Gruppe von Menschen, welche angeben, die Gesellschaft zu studieren, ein Armutszeugnis aus. Aussagen der Form „nur dann …, wenn …" sind wissenschaftstheoretisch unhaltbar – insbesondere, wenn sie auf eine gesellschaftliche Analyse appliziert werden. Gesellschaftliche Zusammenhänge und Prozesse sind in der Regel multikausal mit vielen Einflussfaktoren. Einen alleinstehenden Grund zu identifizieren und ihn zu einer notwendigen oder hinreichenden Bedingung – auch diese Unterscheidung fehlt im Text – zu machen, ist sehr gewagt. Umso gewagter ist es, als die Diskussionen am Mont Pelerin selbst belegen, wie nuanciert die Teilnehmer diesbezüglich denken.

Die mangelnde Differenzierung geht in Punkt zwei weiter. Dort wird unselbstständiges oder fremd-determiniertes Verhalten als Sklaverei taxiert. Es stimmt: Sklaven können nicht selbst darüber bestimmen, was sie tun oder lassen. Doch es folgt nicht daraus, dass jede Fremdbestimmung

Sklaverei ist. Das Kennzeichen der Sklaverei ist das komplette Fehlen von Persönlichkeits- und Eigentumsrechten der Sklaven an sich selbst. Die fehlende Selbstbestimmung ist also eine Funktion fehlender Rechte. In diesem zweiten Punkt werden Ursache und Wirkung verwechselt. Diese Verwechslungen sind auch an anderen Punkten festzustellen.

Überhaupt ist der zweite Punkt symptomatisch für das ganze Dokument: Generell fehlen darin persönliche Freiheit als Grundrecht und die Eigentumsgarantie. Das ist sowohl aus der Innenperspektive des Dokuments als auch aus der Außensicht erstaunlich. Dieser Entwurf der Vereinszwecke enthält viele legalistischen Elemente. Die gleiche legalistische Tradition, welche den Schutz freier Märkte und die Wettbewerbsordnung postuliert, will auch die Eigentumsgarantie und das Grundrecht auf persönlicher Freiheit verankern. Es ist schwer zu erklären, wie der Ausschuss vorgegangen ist, um beide letztgenannten Elemente zu „übersehen". Aus der Außensicht des Textes mag man über die legalistischen Elemente im Entwurf staunen. Denn verschiedene Teilnehmer der Konferenz halten vor, während und nach der Zusammenkunft an der Idee einer naturrechtlich begründeten Menschenwürde und Eigentumsgarantie fest. Warum wurde sie hier nicht erwähnt?

Eines der bizarrsten Aspekte dieses Dokuments ist die Verbindung von freier Gesellschaft und einem Moralkanon (*moral code*) in Punkt acht. Dieser Punkt steht in eklatantem Widerspruch zu anderen, im Dokument selbst, erarbeiteten Positionen. In Punkt acht wird eine legalistische Verknüpfung von Moral und Kodifizierung gemacht. Der Ausschuss scheint sich nicht bewusst zu sein, dass eine Kodifizierung im logischen Widerspruch zum Utilitarismus steht. Gerade in den Punkten zwei – wirtschaftliche Freiheit ist wünschenswert, weil sie zu einer effizienten Produktion führt – und zehn – Freiheit der Wissenschaft ist wünschenswert, weil sie die Erreichung „unserer Ziele" ermöglicht – argumentieren die gleichen Autoren utilitaristisch. Auch während den Diskussionen belegen einige Teilnehmer ihre Positionen utilitaristisch, auch bezüglich der Ethik.[8] Der Widerspruch zwischen einem fixen Kodex der Moral und

---

[8] Zudem verwenden nicht wenige von den Teilnehmern utilitaristische Argumente in ihren wissenschaftlichen Werken, etwa Walter Eucken, Ludwig von Mises, Milton Friedman und selbst Wilhelm Röpke.

dem Utilitarismus muss ihnen aufgefallen sein. Die Forderung nach einem Moralkodex steht auch im Gegensatz zu tugendethischen Ansätzen. Diese sind von den Teilnehmern weniger verfolgt worden, doch schon die kursorische Lektüre von Adam Smith, der während der Sitzung zitiert wird, hätte aufgezeigt, wie stark seine ethischen Theorien eine solche Kodifizierung ablehnen.[9] Es ist unklar, warum eine Gruppe von sich selbst Denker nennende Personen sich zu solchen Äußerungen hinreißen lässt; das „warum" dieses groben Fehlers bleibt wohl für immer verborgen.

Die Kritik an diesen zehn Punkten ist keineswegs präsentistisch – auch wenn gerade aus heutiger Optik die Probleme, Inkonsistenzen und vielleicht schlichte Unredlichkeit des ganzen Dokuments noch stärker auffallen. Schon bei der Präsentation des Dekalogs am Mont Pelerin im Jahr 1947 stösst der Text auf deutliche Kritik. Namentlich die bombastische und parochiale Sprache, die beliebige Handhabung philosophischer und ethischer Begriffe sowie der in diesen Punkten zum Ausdruck kommende Legalismus werden von den Teilnehmern in Frage gestellt. Einige bringen ihre Verwunderung über das Stillschweigen der Vereinszwecke zur Würde des Menschen und zur Eigentumsgarantie zum Ausdruck. Andere bemängeln die im Allgemeinen fehlende Logik und die weitgehende Inhaltsleere mancher pseudophilosophischen Begriffe.[10]

Skeptisch begegnet Ludwig von Mises dem ganzen Projekt, den Staat zum Wächter über Wettbewerb und Eigentum zu machen. In einer anderen Session merkt er apathisch an, legalistische Ansätze verfielen ihren eigenen statischen Annahmen; die Gesellschaft sei da viel dynamischer.[11] Spätestens dann wird den Teilnehmern klar, dass es keine gemeinsame Mission geben wird. Auch nicht eine, in der es lediglich um die rechtsstaatliche Sicherung des Wettbewerbs geht. Zu weit davon entfernt sind die Positionen von Mises, Leonard Reads oder Vervon

---

[9] Ironischerweise referenziert William Rappard Adam Smith in seiner *Welcoming Address, Mont Pèlerin 1947*, Session 1. Rappard selber benützt ein tugendethisches Argument im Zusammenhang mit der Geschichtsschreibung in Session 4. Aaron Director setzt tugendethische Argumente in Session 2. Tugendethische Argumente könne in den Werken von Wilhelm Röpke und Lionel Robbins gefunden werden.

[10] *Mont Pèlerin 1947*, Session 12.

[11] *Mont Pèlerin 1947*, Session 9.

Orval Watts.[12] Ihre Vorstellungen des Liberalismus sind deutlich eher *laissez-faire* orientiert, oder, wie Read es in seinem Buch im Jahr 1964 formulieren sollte, *Anything That's Peaceful.*[13]

Vereinszwecke zum Zweiten

Um die Disparität der Ansichten aufzunehmen und trotzdem Vereinszwecke zu formulieren, kommt noch während der Debatte Lionel Robbins auf eine Formel, die gleichzeitig offener und präziser als der Entwurf des Ausschusses um Hayek ist. Sie ist ebenso intellektuell redlicher, weil sie auf obskurantistische Behauptungen verzichtet. Vor allem ist diese Formel eine Vision, die leicht zu kommunizieren und zu vermitteln ist, und ein implizites Bekenntnis zur Vielfalt im Liberalismus enthält. Sie lautet:

1. Wir erkennen die Gefahren für die Freiheit.
2. Wir glauben, dass dies mit dem Niedergang des Privateigentums und des Marktes in Verbindung steht.
3. Wir glauben, dass wir die Öffentlichkeit über diese Gefahren aufklären sollten.[14]

Von den Teilnehmern gebeten, es zu tun, formuliert Robbins basierend auf seiner Formel neue Vereinszwecke. Über deren genauen Wortlaut seines neuen Entwurfs ist nichts bekannt. Aber die definitiven Zwecke, die am 8. April bei einer Gegenstimme von Maurice Allais verabschiedet wurden, gehen im Wesentlichen auf Robins zurück. Sie lauten:

Eine Gruppe von Wirtschaftswissenschaftlern, Historikern, Philosophen und anderen Studenten der öffentlichen [politischen, H.S.] Angelegenheiten aus Europa und den Vereinigten Staaten traf sich in Mont Pelerin, Schweiz, vom 1. bis 10. April 1947, um über die Krisen unserer

---

[12] Mises zeigt seine Skepsis gegenüber viele Ansätze der anderen Teilnehmer der Zusammenkunft. In Session 3 kritisiert der den Interventionismus von Eucken als eine Art Merkantilismus. Mises sagt, und meint sich in einer Linie mit David Hume und Adam Smith: „If it is true as has been suggested, that I am defending orthodoxy of the 18th century, then it is true that I am defending it against the orthodoxy of the 17th century."

[13] Leonard Read. *Anything That's Peacefull.* FEE, 1964.

[14] *Mont Pèlerin 1947*, Session 12.

Zeit zu diskutieren. Diese Gruppe, die ihren Fortbestand sichern wollte, um den weiteren Austausch zu fördern und andere Gleichgesinnte zur Mitarbeit einzuladen, hat sich auf die folgende Zielsetzung geeinigt.

Die zentralen Werte der Zivilisation sind in Gefahr. Über weite Teile der Erdoberfläche sind die wesentlichen Bedingungen der menschlichen Würde und Freiheit bereits verschwunden. In anderen sind sie ständig bedroht durch die Entwicklung der aktuellen politischen Tendenzen. Die Stellung des Individuums und der freiwilligen Gruppe wird durch die Ausweitung willkürlicher Macht bedroht. Selbst das kostbarste Gut des Westlichen [wohl: Abendländischen, H.S.] Menschen, die Freiheit des Denkens und der Meinungsäußerung, ist durch die Ausbreitung von Glaubensbekenntnissen bedroht, die sich auf das Privileg der Toleranz berufen, wenn sie in der Minderheitsposition sind, aber nur eine Machtposition anstreben, in der in der sie alle anderen Meinungen als die eigenen unterdrücken und auslöschen können.

Die Gruppe ist der Ansicht, dass diese Entwicklungen durch die Stärkung einer Geschichtsauffassung, die alle absoluten moralischen Standards leugnet, und durch das Aufkommen von Theorien, die die Zweckmäßigkeit der Rechtsstaatlichkeit in Frage stellen. Sie ist ferner der Ansicht, dass diese Entwicklungen durch einen Rückgang des Glaubens an das Privateigentum und des Wettbewerbsmarktes; denn ohne die mit diesen Institutionen verbundener Dezentralisierung von Macht und Initiative, ist es schwierig, sich eine Gesellschaft vorzustellen, in der die Freiheit wirksam bewahrt werden kann.

In der Überzeugung, dass man einer im Wesentlichen ideologischen Bewegung mit intellektuellen Argumenten und der Bekräftigung gültiger Ideale begegnen muss, ist die Gruppe, nach einer ersten Sondierung des Terrains, der Ansicht, dass weitere Studien wünschenswert sind, unter anderem in Bezug auf die folgenden Punkte:

1. Analyse und Erklärung der Natur der gegenwärtigen Krise, um ihre wesentlichen moralischen und wirtschaftlichen Ursachen zu verdeutlichen.
2. Die Neudefinition der Funktionen des Staates, um eine klarere Unterscheidung zwischen der totalitären und der liberalen Ordnung zu unterscheiden.

3. Methoden zur Wiederherstellung des Rechtsstaates und zur Gewährleistung seine Entwicklung so, dass Individuen und Gruppen nicht in der Lage sind, in die Freiheit anderer einzugreifen, und dass private Rechte nicht zu einer Grundlage für räuberische Macht werden können.
4. Die Möglichkeit der Festlegung von Mindeststandards mit Mitteln, die der Initiative und dem Funktionieren des Marktes nicht abträglich sind.
5. Methoden zur Bekämpfung des Missbrauchs der Geschichte zur Förderung von freiheitsfeindlichen Glaubenssätzen.
6. Das Problem der Schaffung einer internationalen Ordnung, die den Frieden und die Freiheit bewahrt und die Schaffung harmonischer internationalen Wirtschaftsbeziehungen ermöglicht.

Die Gruppe will keine Propaganda betreiben. Sie strebt nicht danach, eine akribische und hemmende Orthodoxie. Sie orientiert sich an keiner bestimmten Partei. Ihr einziges Ziel ist es, durch die Erleichterung des Meinungsaustauschs zwischen die von bestimmten Idealen und weitreichenden gemeinsamen Vorstellungen inspiriert sind, zur Erhaltung und Verbesserung der freien Gesellschaft beizutragen.[15]

Diese Formulierungen sind eine Kompromissvorlage. Ihr Genius – wohl jener von Robbins – ist eine Zweiteilung des Textes in einen ersten Teil, der als Sammelbecken für Weltschmerz funktioniert, und einen zweiten, in dem die Aktivitäten der neuen Organisation stringent und mit viel weniger Pathos und Metaphysik genannt werden.

Der erste Teil besteht aus den vier ersten Absätzen, die keine Nummer tragen. Im Vergleich zum ersten Entwurf des Textes werden hier klare Abgrenzungen getroffen und Differenzierungen gemacht. So werden Menschenwürde und Eigentum als Grundwerte angeführt und Wirkungen werden auf ihre Ursachen zurückgeführt; meist probabilistisch, was ein Zeichen für richtig verstandene Sozialwissenschaft ist. Der Streit um die gesellschaftliche Organisationsform wird als intellektuellen Wettbewerb erkannt, dem man entsprechend mit guten Argumenten entgegnen will. Die apodiktische Gewissheitssprache des ersten Entwurfs weicht

---

[15] *Mont Pèlerin 1947*, Session 14.

hier einer sorgfältigeren und redlichen Auseinandersetzung mit der Wirklichkeit. Das Legalistische verschwindet aus dem Dokument und das Parochiale wird erheblich reduziert. Es stehen immer noch Begriffe wie „Zivilisation" oder „der Westliche Mensch" herum, doch in einem viel reduzierteren Maß, als im ersten Entwurf und weitgehend ohne Bedeutung. Mit einer Prise Salz könnte man diesen gesamten ersten Teil für Bedeutungslos erklären. Er funktioniert als Präambel, vielleicht auch um die Anliegen Hayeks und einiger anderer Teilnehmer aufzufangen, ohne ihnen eine argumentative und damit den Verein konstituierende Rolle zu geben. Im privaten Gespräch nannte eine Kommentatorin diesen Teil einen „dump for verbose nonsense".[16]

Der zweite Teil besteht aus den nummerierten und dem letzten Absatz. Er ist nochmals sorgfältiger formuliert und lenkt das Erkenntnisinteresse der neu zu gründenden Organisation. Dieser Teil ist als Forschungsprogramm konzipiert. Darin kommen die Objekte des Interesses und der Forschungsprozess vor. Nicht aber seine Ergebnisse. Genau das ist das Erfolgsmodell der MPS. Dank diesem zweiten Teil wird sie zu einer offenen Gesellschaft von Menschen, die eine Vision teilen und bereit sind, je individuell, aber gemeinsam an einem Forschungsprogramm und einem Austauschprozess teilzunehmen. Da sich jeder individuell vergesellschaftet, kann die Gruppe nicht die Erkenntnisse des einzelnen vorwegnehmen. Sie kann die Erkenntnisse nicht einmal standardisieren. Sie kann diese Erkenntnisse aber produzieren, indem sie einen Austauschprozess organisiert und ein Forschungsprogramm aufstellt.

Woraus besteht dieses Forschungsprogramm? Der erste Punkt ruft zu einer Ursachenanalyse der vermeintlichen Krise der Zeit auf, wobei deutlich gemacht wird, dass es sich um Ursachen im Plural handeln. Die darin genannte Krise sind die totalitären Tendenzen von links und rechts, die nach dem zweiten Weltkrieg – und heute auch – spürbar sind. Der zweite Punkt differenziert zwischen dem Staat als Institution und den Werten dieser Institution. An sich kann ein Staat genauso totalitär sein, wie er liberal ausgestaltet werden kann. Also ruft dieser Punkt auf, Ressourcen zu erarbeiten, um die Funktionen des Staates liberal zu definie-

---

[16] Die Kommentatorin, eine liberale Historikerin, welche freilich nicht an der Gründungsversammlung war, möchte anonym bleiben.

ren. Dabei markiert dieser Punkt die deutliche Abkehr vom Projekt, eine Wettbewerbsordnung durch Rechtstaatlichkeit zu garantieren. Er fordert eine Auseinandersetzung mit der liberalen Wertordnung an sich sowie damit, ob und wie diese in einem Staat umgesetzt werden kann. Auch hier setzt Punkt drei an, in dem die Rechtstaatlichkeit und die Individualrechte miteinander verbunden werden und die Idee der Abwehrrechte des Einzelnen gegenüber staatlichen oder kollektiven Eingriffen angesprochen wird. In diesem Zusammenhang kann die Gesellschaft auch über eine gewisse institutionelle Einbettung des Marktes nachdenken, wobei ausdrücklich Standards und nicht Gesetze in Punkt vier genannt werden. Der fünfte Punkt fordert Wissenschaftlichkeit in der Geschichtsschreibung und der sechste die Arbeit an einer internationalen Ordnung. Wichtig zu betonen ist: Bei den sechs Punkten geht es um eine intellektuelle Auseinandersetzung mit diesen Erkenntnisobjekten. Es handelt sich weder um einen Ausführungsauftrag noch um die Festlegung des Inhaltes der Erkenntnis. Diese Punkte legen lediglich den Fokus und den Rahmen, also ein Forschungsprogramm, fest.

Vor diesem Hintergrund ist der letzte, nicht nummerierte, Absatz wesentlich. Dort kommt das Selbstverständnis der neuen Organisation zum Ausdruck. Sie ist da, allein um den Meinungsaustausch zwischen Liberalen zu ermöglichen. Sie bringt Menschen zusammen, die der Vision nachgehen, die freie Gesellschaft zu erhalten und zu verbessen. Diese Menschen gehen der Vision nach, indem sie intellektuell an ihren eigenen Argumenten arbeiten. Nicht die Gruppe oder die Organisation, sondern die daran teilnehmenden Menschen entwickeln einzeln und individuell ihre Ideen weiter, schärfen ihre Argumente in der Diskussion mit anderen und stellen ihre eigenen Ressourcen den anderen zur Verfügung, die im Rahmen dieser Gruppe ähnlich agieren wollen. Diese Organisation hat keine Mission und keine Agenda. Sie hat kein gemeinsames Glaubensbekenntnis in Form eines Dekalogs. Sie hat keine inhaltliche Orthodoxie. Sie ist als Forschungsprogramm und -prozess konzipiert.

Dieser Charakter wird noch deutlicher, als am 9. April die Diskussion über den Namen der Organisation ansteht. Die Teilnehmer können sich auf nichts einigen, also schlägt Karl Brandt *The Mont Pelerin Society* vor.

Karl Popper ist verwundert und antwortet darauf: *That is meaningless –* das hat keine Bedeutung.[17] Der Name ist geblieben, gerade weil man keine Aktionsgemeinschaft mit einer Mission sein wollte.[18]

Die offene Gesellschaft und ihre Freunde

Die Erklärung ihrer Vereinszwecke ist die erste und einzige öffentliche Positionierung der MPS geblieben. Der in den Zwecken festgelegte diskursive Prozesscharakter der MPS bleibt aber erhalten. So treffen sich die Mitglieder der Gesellschaft und Gäste zu verschiedenen Konferenzen und halten einander über ihr Wirken am Laufenden. Wenn es darum geht, die so entwickelten intellektuellen Ressourcen in Praxis umzuwandeln oder umzusetzen, sind die einzelnen Mitglieder selbst dafür verantwortlich. Sie handeln dann auch im eigenen Namen und auf eigener Weise. Die MPS fazilitiert den Austausch. Nicht mehr, aber auch nicht weniger.

Gerade für den Liberalismus ist dieses ergebnisoffene Forschungsprogramm der MPS von großer Bedeutung. Denn große liberale Ideen sind in ihren Meetings debattiert, attackiert und damit auch verbessert worden. Die MPS dient als Plattform zur Bildung von Allianzen, die oft über Ländergrenzen und den liberalen Segmenten hinausgehen und Personen verbinden, die sich sonst nicht oder nicht so einfach nähergekommen wären. Selbst Hayek sah das ein:

„Obwohl sie [Teilnehmer an MPS Meetings, H.S.] nicht unbedingt eine gemeinsame Interpretation der Ursachen oder Folgen teilen, sehen sie die Gefahr in der Ausweitung des Staates, nicht zuletzt in der staatlichen Sozialfürsorge, in der Macht der Gewerkschaften und des Unternehmensmonopols sowie in der anhaltenden Bedrohung durch die Inflation und deren Realität. Auch ohne detaillierte Vereinbarungen sehen die

---

[17] *Mont Pèlerin 1947*, Session 17.

[18] Mont Pèlerin 1947, Session 19. Robbins sagte: „I am inclined to agree with Mr. de Jouvenel. But, for a subtitle, how about „An Academy for the Study of the Philosophy of a Free Society." We don't want to appear as an Academy for action." darauf entgegnete Read: „I'd like to support Professor Robbins' suggestion." Friedmann wollte einen kurzen Namen und damit blieb die „Mont Pèlerin Society" ohne Beinamen.

Mitglieder die Gesellschaft als Versuch, die grundlegenden Prinzipien der Wirtschaftsgesellschaft, wie sie von den klassischen Ökonomen, Politikwissenschaftlern und Philosophen, die viele in Europa, Amerika und der gesamten westlichen Welt inspiriert haben, zum Ausdruck gebracht wurden, in modernen Begriffen zu interpretieren."[19]

Heute ist die MPS mit ihren Meetings die einzige globale Plattform für alle Formen liberalen Denkens. Ihre Offenheit ist ihre große Stärke. Will sie auch in der Zukunft einen Beitrag für den Liberalismus leisten, ist sie gut beraten, diesen Charakter zu stärken. Sie könnte ihre Meetings diskursiver machen, mehr jüngere Leute und Personen außerhalb der Universitäten und Think Tanks einladen und zum Sprechen animieren.[20] Sie könnte auch neue Austauschformen in den Meetings erlauben.[21]

Die MPS wird dieses Jahr 75. Ihre großen Dienste am Liberalismus hat sie geleistet, indem sie in ihrer Gründungsversammlung von einer Mission auf einer Vision umschwenkte und damit offen für Vielfalt und inner-liberaler Meinungsverschiedenheit wurde. Sie kann weiterhin große Dienste leisten, wenn sie offenbleibt und so Freundschaften erlaubt. Gerade weil ihr Name kein Programm ist, ist die MPS von Bedeutung.

---

[19] Siehe den Text, wie hier wiedergegeben: https://www.montpelerin.org/event/429dba23-fc64-4838-aea3-b847011022a4/websitePage:6950c74b-5d9b-41cc-8da1-3e1991c14ac5. Übersetzung durch Henrique Schneider.

[20] Für das Meeting in Miami, USA, 2018 lud man junge Personen ein, Artikel einzureichen.

[21] Zugegebenermassen tut sie dies seit dem Meeting in Gran Canaria, Spanien, 2018.

Die *Friendly Society* in Großbritannien
Organisation und Niedergang der Arbeiterselbstverwaltung

Die *Friendly Society* ist eine Besonderheit im Großbritannien des 19. Jahrhunderts. *Friendly Societies* sind im Prinzip Zusammenschlüsse auf Gegenseitigkeit, in erster Linie von Arbeitern, die sich zu einem gemeinsamen finanziellen und sozialen Zweck zusammenschließen. Diese Gesellschaften organisieren eine Art von Wohlfahrtsleistungen, die vorteilhaft durch die Nutzung von Skaleneffekten oder Netzwerken erreicht werden können. Beispiele dafür sind Hilfen im Krankheits- und Todesfall (Bestattung oder Hilfe für Witwen und Kinder), Versicherungen, Renten oder Ersparnisse. Darüber hinaus schaffen sie aber auch ein Gefühl der Zugehörigkeit oder eine gemeinsame Identität ihrer Mitglieder. Dies geschieht durch Veranstaltungen, rituelle Handlungen (z. B. bestimmte Kleidung, Umzüge, verschlüsselte Sprache und Schwüre) und manchmal auch durch die Schaffung einer physischen Präsenz in Form eines Hauses, einer Loge oder eines Tempels, in dem sich die Mitglieder treffen und diskutieren können. *Friendly Societies* haben auf Teile der britischen Bevölkerung eine stabilisierende Wirkung und lindern viele der Probleme, die mit Armut, Unsicherheit und Migration oder – in der Marxschen Sprache – mit Prekariat und Entfremdung zusammenhängen.

Mit dem Aufstieg des britischen Wohlfahrtsstaates im späten 19. und frühen 20. Jahrhundert verlieren die *Friendly Societies* ihre wirtschaftliche und soziale Funktion. Obwohl sie ihre Struktur beibehalten, hören sie auf, Organisationen auf Gegenseitigkeit zu sein, und werden de facto zu Zweigstellen des Staates. Mit dem veränderten Umfang und Inhalt ihrer Tätigkeit schwindet auch ihr Einfluss auf die Identität der Arbeitnehmer, was dazu führt, dass sich die britische Arbeiterklasse in erster Linie über die Gewerkschaften oder als Nutznießer des Wohlfahrtsstaates, also implizit als eine vom Staat abhängige Gruppe von Menschen, identifiziert.

Was geschah mit den britischen *Friendly Societies* im 19. Jahrhundert? Oder, etwas nuancierter formuliert, kann der Niedergang der *Friendly Societies* als ihre Verdrängung durch den Wohlfahrtsstaat erklärt werden? Wenn ja, wie kam es dazu und welche Rolle spielten diese Gesellschaften in diesem Prozess? Aus Gründen des Umfangs und der historischen Evidenz konzentriert sich dieser Beitrag auf die *Friendly Societies* des 19. und frühen 20. Jahrhunderts in Großbritannien.

Friendly Societies

Friendly Societies gibt es weder nur in Großbritannien noch nur im 19. Jahrhundert. Zu ihrer Rolle in Australien siehe z. B. Weinbren und James (2005) und in Spanien Vilar-Rodríguez und Pons-Pons (2022) Zu den *Friendly Societies* im 18. Jahrhundert siehe z. B. Kalman (1992) oder Cordery (2003). Ähnliche Referenzen können für *Friendly Societies* an verschiedenen Orten und in verschiedenen Zeiträumen ab dem 17. Jahrhundert angeführt werden.

Nichtsdestotrotz ist die *Friendly Society* des 19. Jahrhunderts in Großbritannien nicht nur wegen ihrer Verbreitung und wirtschaftlichen Bedeutung interessant (Cordery 2003), sondern auch wegen des Einflusses, den sie auf ihre Mitglieder ausübt (Weinbren 2019). Neben der Bereitstellung von Hilfe oder der Lösung wirtschaftlicher Probleme spielen die *Friendly Societies* eine wichtige Rolle für die Identität ihrer Mitglieder als selbstverwaltete, verantwortungsbewusste und daher respektable Menschen (Cordery 1995). Die *Friendly Societies* entkommen dem Narrativ des Pauperismus und der Abhängigkeit und zeigen, dass die „Arbeiterklasse" genauso selbstständig, verantwortungsbewusst und „zivilisiert" sein kann wie andere Gesellschaftsschichten auch. Letztendlich wollen die *Friendly Societies* ihren Mitgliedern eine Art Gentleman-Respekt verschaffen (Cordery 1995).

Die Verwendung des Begriffs „Arbeiterklasse" mag anachronistisch erscheinen, da die Idee einer so klar abgegrenzten Schicht auf einen Marxschen oder späteren soziologischen Hintergrund hinzuweisen scheint. Allerdings wurde der Begriff in Großbritannien bereits im 19. Jahrhundert verwendet, und zwar hauptsächlich für Menschen, die nicht zu den Adeligen und Gentlemen der Gesellschaft gehörten. Hier wird der Begriff „Arbeiterklasse" vorsichtig verwendet, um Menschen zu bezeichnen, die ihren Lebensunterhalt durch die Arbeit für andere Menschen verdienen und ein geringeres Einkommen haben. Eine ausführlichere Diskussion über die Arbeiterklasse in Großbritannien findet sich z. B. in August (2007) und Rose (2021). Der Begriff „Zivilisation" hingegen ist ein Begriff aus der Zeit, auf die in dieser Arbeit Bezug genommen wird. Zivilisation bedeutete, sich auf eine bestimmte Art und Weise zu verhalten, meist als christlicher englischer Gentleman. Zivilisierung bedeutete, der besonderen Art des Denkens, des Austauschs und des Handelns zu folgen, die von der britischen Oberschicht bevorzugt wurde (siehe z. B. Amigoni 2007). Die zivilisatorische Funktion der *Friendly Society* besteht also darin, Menschen aus der Arbeiterklasse in Menschen mit einer Gentleman-Mentalität zu verwandeln.

Friendly Societies entwickeln sich auf der Grundlage und unter Einbeziehung verschiedener Einflüsse. So sorgten die mittelalterlichen Zünfte für Arbeit, berufliche Bildung und förderten die kollektive Selbsthilfe; dieses letzte Attribut ist für die *Friendly Societies*, die sich als ihre Nachfolger verstehen, besonders wichtig. Indem sie Bildung als eine Funktion verschiedener Arten von Zusammenschlüssen betrachten, widmen sich die *Friendly Societies* der Sicherung einer grundlegenden Existenz für ihre Mitglieder, d. h. für die Beitragszahler.

Bereits 1598 und 1601 wurden Gesetze für die Armen erlassen. Diese Gesetze förderten die Mobilität der Arbeitskräfte und schufen – zumindest in England – unbeabsichtigt einen einheitlichen Arbeitsmarkt. Im

17. Jahrhundert lebten die meisten Menschen, die der Arbeiterklasse zugerechnet wurden, bis zu ihrem 15. geburtstag nicht mehr zu Hause. Die *Poor Laws* schreiben die Versorgung der Armen, einschließlich der Migranten und Verarmten, vor. Sie schreiben vor, dass jede Gemeinde von den Reichen einen Teil des Geldes erheben muss, um es den Armen zukommen zu lassen. Diese Gesetze akzeptieren jedoch auch finanzielle Selbsthilfegruppen und fördern sie sogar, indem sie sie von der Registrierung befreien und ihnen eine gewisse Existenzsicherheit geben. Im 18. Jahrhundert endet das System der Gemeindeabgaben und die *Friendly Societies* setzen sich durch (Weinbren 2019, 37–41).

Eine weitere Inspirationsquelle sind die sozialen Clubs, die vor allem in den Städten entstanden sind. Sie sind als Zusammenschlüsse von Gleichgesinnten oder Gleichinteressierten gedacht und treffen sich, um die Standpunkte der Mitglieder zu bestimmten Themen auszutauschen. Schon früh entstanden Clubs in Adels- und Herrenkreisen unter Ausschluss der Arbeiterklasse. Ihre wahrgenommene Rolle in der zivilisierten Gesellschaft – im Sinne des oben erwähnten Wortes – und ihr öffentliches Image werden immer stärker. Einige von ihnen erhalten sogar eine königliche Charta, z. B. die *Royal Society of Antiquaries* oder die Highland Society (Brewer 2013).

Einige *Friendly Societies* versuchen aktiv, den Social Club als Ort des Zusammenkommens und Debattierens, als eine Art Treffen der Geister, nachzuahmen (Weinbren 2019, 42–45). In den meisten Fällen finden diese Treffen in öffentlichen Häusern – Pubs – statt, was sich nachteilig auf das Image der Gesellschaften auswirkt. Andere kaufen schließlich Tagungsräume oder sogar ganze Häuser. Auch dies hat negative Auswirkungen, denn die Treffen hinter verschlossenen Türen werden zunehmend mit Geheimhaltung und sogar Subversivität assoziiert. In jedem Fall finden bei vielen *Friendly Societies* Treffen mit rituellen Elementen statt, die von den mittelalterlichen Zünften übernommen wurden, mit „zivilisatorischen" Elementen, die vom Club übernommen wurden, und mit Elementen verschlüsselter Sprache und Geheimhaltung, von denen einige behaupten, sie seien von den Freimaurern beeinflusst (August 2007).

Es ist nach wie vor umstritten, ob Freimaurergruppen Einfluss auf die *Friendly Societies* ausüben. Die Freimaurer beanspruchen für sich, eine Gruppe der gegenseitigen Hilfe und der Brüderlichkeit zu sein, aber sie behaupten auch, Wohltätigkeit für Nichtmitglieder zu leisten. Die Freimaurer bezeichnen sich selbst nicht als Arbeiterklasse. Im Gegenteil, schon früh versuchen die Freimaurerlogen, eine Verbindung zur Aristokratie und sogar zur königlichen Familie herzustellen (mit Erfolg). Außerdem wird die Freimaurerei oft zu einem Unternehmensnetzwerk, das per Definition kein Netzwerk der Arbeiterklasse ist. Auf jeden Fall gibt es zahlreiche Belege für Kommunikationslinien zwischen ihnen (Bogdan und Snoek 2014; Cordery 2003, 17; Burt 2002).

Friendly Societies erfüllen also zwei Arten von Dienstleistungen, die zu einer einzigen verschmolzen sind. Da ist zum einen die Dienstleistung der gegenseitigen Hilfe. Weinbren (2019, 89) erklärt diese:

„Freundschaftsvereine wurden gegründet, um Mitglieder und manchmal auch andere Personen in Zeiten von Krankheit, Alter und Not finanziell zu unterstützen. Oft zahlten die Mitglieder in einen Kasten ein (sie wurden auch als Kastenclubs bezeichnet), der in der Regel mit drei Schlössern gesichert war, so dass er nur geöffnet werden konnte, wenn drei Schlüsselinhaber anwesend waren. Aus der Loge erhielten die Mitglieder Gelder, wenn sie nicht mehr in der Lage waren, ihrem normalen Beruf nachzugehen. Bei ihrem Tod wurden auch Zahlungen an ihre Witwen geleistet (Übersetzung Henrique Schneider)."

Natürlich entwickeln sich diese wirtschaftlichen Dienstleistungen mit der Zeit. Die Idee einer Gruppe von Menschen, die sich um eine Loge versammeln, und einiger Senioren als Schlüsselinhaber wird bald durch ein System der Buchhaltung, der Versicherungsmathematik und der Investitionen abgelöst. Die *Friendly Societies* im Großbritannien des 19. Jahrhunderts haben ein bescheidenes, aber im Prinzip immer noch solides und abstraktes (d. h. auf Leisten und nicht auf Kästen basierendes) System der Finanzverwaltung.

Die andere Seite der Gesellschaften ist der emotionale Anreiz für ihre Mitglieder und die Schaffung eines öffentlichen Images. Cordery (2003, 12) beschreibt zum Beispiel eine von einer solchen Gesellschaft organisierte Beerdigung:

„Als Samuel Leighton am 30. Juli 1832 starb, hinterließ er eine trauernde Witwe und seine Mitgliedschaft im South Cave Benefit Club, einer örtlichen *Friendly Society*. Leightons Tod löste Befürchtungen aus, dass er sich mit der Cholera angesteckt hatte, die zu dieser Zeit in weiten Teilen Großbritanniens endemisch war. Dorfschlaumeier erinnerten sich an die Vorliebe des pensionierten Landarbeiters für Porter, und ein kürzliches Saufgelage ließ vermuten, dass übermäßiger Genuss die Ursache für seinen Tod war. Das Ausbleiben weiterer cholerabedingter Todesfälle in der Gegend bewies den Wahrheitsgehalt dieser geisterhaften Interpretation. Die Nachricht von Leightons Ableben erreichte Robert Sharp, den Dorfschulmeister und Sekretär der Friendly Society, sehr schnell. Sharp fiel die traurige Aufgabe zu, die fünfzig überlebenden Mitglieder zur Beerdigung von Leighton zu versammeln. Die Vereinsmitglieder versammelten sich in ihrem Versammlungsraum im Fox and Coney Public House. Von dort aus zogen sie in einer Trauerprozession zu Leightons Haus, um den Leichnam zur Beerdigung in die Pfarrkirche zu begleiten, die von der Bestattungsbeihilfe der Friendly Society bezahlt wurde. Nach dieser Zeremonie kehrte Sharp mit Frau Leighton ins Fox and Coney zurück, wo er ihr das Sterbegeld von 12 Pfund überreichte, das alle Witwen der Mitglieder erhielten (Übersetzung Henrique Schneider)."

Man beachte, wie in dieser Beschreibung der wirtschaftliche und der emotionale Dienst zusammenkommen. Der Witwe wird ihre Zuwendung öffentlich und erst nach Abschluss der Prozession und der Beerdigung überreicht. Dies ist nur ein Beispiel dafür, wie die *Friendly Society* auf die Gemeinschaft, in die sie eingebettet ist, und schließlich auf andere Schichten der britischen Gesellschaft ausstrahlt. Die hier beschriebene Beerdigung hat eine wirtschaftliche, religiöse und soziale Bedeutung. Auf der wirtschaftlichen Seite ist es die *Society*, die die Kosten übernimmt und die Witwe bezahlt. In religiöser Hinsicht wird deutlich, dass die Gesellschaft die Regeln der Religion aufrechterhält und ihre Mitglieder an diese Regeln gewöhnt oder sie sogar pflegt. In sozialer Hinsicht schafft die Gesellschaft ein emotionales Band zwischen ihren Mitgliedern und wird so zu einem Ort des gemeinsamen Gedenkens und der Empathie. Aus der Verschmelzung dieser Aspekte ergibt sich die Seriosität der Gesellschaft für Außenstehende, ihre Attraktivität für Insider und ihre vertrauens- und identitätsstiftende Rolle.

Friendly Societies organisieren verschiedene Arten von Veranstaltungen, darunter Diskussionen in der Kneipe oder im Clubhaus, religiöse Zeremonien und rituelle Zeremonien. Je nach Art der Veranstaltung sind sie manchmal geschlossen und nur für Mitglieder, manchmal für die Öffentlichkeit zugänglich. Umzüge, Ausflüge und Wohltätigkeitsveranstaltungen, die sich an einen breiteren Teilnehmerkreis richten, runden das Angebot ab. Es wäre zynisch, diese Veranstaltungen nur als zeitgemäßes Marketing oder Public Affairs zu betrachten. Vielmehr, und das bestätigen die Quellen, sehen die *Friendly Societies* in sich selbst eine Kraft des Guten, die die Arbeiterklasse organisiert, ihre materiellen, intellektuellen und emotionalen Bedingungen verbessert, sie – auch Fremde und Migranten – zusammenschweißt und die sozialen Beziehungen stabilisiert, die zu erratisch zu werden drohten. Außerdem sind die *Friendly Societies* davon überzeugt, dass ihr Gegenseitigkeitsprinzip und ihre kollektive Entscheidungsfindung Instrumente sind, die zivilisierte Werte fördern und sie den Menschen einprägen. Gorsky (1998b, 304) erläutert dies:

> „Es wird also behauptet, dass die Friendly Societies der Gesellschaft nicht nur als Versicherer, sondern auch als Vereine zugutekamen. Sie förderten soziales Kapital, indem sie zur Solidarität zwischen den Mitgliedern anregten, sie förderten bürgerliches Engagement und fungierten als Kinderstube der Demokratie, und sie kultivierten eine auf Unabhängigkeit und Selbsthilfe basierende Einstellung zur sozialen Wohlfahrt. ... die Rolle der Wohltätigkeitsvereine im öffentlichen Leben der Stadt, indem sie sowohl auf ihre Versicherungstätigkeit als auch auf ihre physische Präsenz als Brennpunkte der Geselligkeit und städtischer Rituale hinweisen (Übersetzung Henrique Schneider)."

Die Verquickung von wirtschaftlichen Dienstleistungen und emotionalen bzw. religiösen und sozialen Aspekten kann auch auf andere Weise veranschaulicht werden. Wie bereits erwähnt, werden die *Friendly Societies* dafür kritisiert, dass sie sich in öffentlichen Gebäuden treffen. Dieser Treffpunkt fördert angeblich den Alkoholkonsum und die Fehlleitung von Ressourcen. Als Reaktion auf diese Kritik geben die *Friendly Societies* Moralkodizes heraus, überwachen ihre Mitglieder genau, um deren strikte Einhaltung zu gewährleisten, und schließen zahlende Mitglieder im Falle von Verstößen sogar von den Leistungen aus. Dabei geht es bei weitem nicht nur um das öffentliche Ansehen und soziale Normen. Es hat auch mit der Verringerung von Risiken zu tun. *Friendly Societies* finden schnell heraus, dass die Einhaltung des Moralkodexes die Wahrscheinlichkeit verringert, dass zahlende Mitglieder in Not geraten. Sie stellen auch fest, dass Beitragszahler, die sich an den Kodex halten, disziplinierter sind (Gorsky 1998b, 306).

Nach dem Vorbild von immer mehr Clubs der Oberschicht und vielleicht auch der Freimaurerei schließen mehrere Gesellschaften ab 1850 Frauen aus oder spalten sich in exklusive weibliche Gremien auf – was sie oft den männlichen Mitgliedern unterordnet und zu einem Rückgang der weiblichen Mitgliedschaft führt (Cordery 2003, 14, 24 und 26). Im Gegensatz zu anderen Gesellschaften streben die *Friendly Societies* keine Mitgliedschaft der Oberschicht in ihren Reihen an. Als Organisationen aus der und für die Arbeiterklasse sind sie darauf bedacht, ihr Identitätsgefühl nicht zu verwässern. Sie sind jedoch um Mäzenatentum bemüht. Es wird allgemein und in zunehmendem Maße als vorteilhaft empfunden, wenn Menschen aus der Oberschicht, sogar Parlamentsabgeordnete und Beamte, auf sie aufpassen. Sie gewinnen vor allem dadurch an Patronage, dass sie zeigen, wie sie die Arbeiterklasse disziplinieren und sich am Beispiel der Oberschicht orientieren. Mit einem Augenzwinkern kann man sagen, dass die *Friendly Societies* im 19. Jahrhundert eine mittelviktorianische Arbeiteraristokratie bilden (Gorsky 1998a, 489).

Was die Zahl der Mitglieder betrifft, so waren die *Friendly Societies* zumindest bei den Männern im 19. Jahrhundert erfolgreich. Im Vereinigten Königreich und seinem Empire sind der Independent Order of Oddfellows, Manchester Unity (IOOFMU) und der Ancient Order of Foresters (AOF) die beiden beliebtesten Zweigorganisationen, die als *Friendly Societies* gelten. Es gibt jedoch noch viele weitere. Jahrhunderts waren etwa sechs Millionen Menschen, d. h. die Hälfte der erwachsenen Männer Großbritanniens, Mitglied (Beito 2000). Später (1874) listeten Kataloge 17 Klassen von *Friendly Societies* auf, z. B. angegliederte Gesellschaften oder Orden, Kreis-, Stadt- oder Ortsgesellschaften, besondere Handelsgesellschaften, Teilungsgesellschaften, z. B. für Versicherung, Sparen, Gebäude, Renten und Frauen.

Die Regulierung der *Friendly Societies*

Friendly Societies haben sich nicht ohne Regulierung entwickelt. Wie bereits erwähnt, schaffen bereits die *Poor Laws* aus dem 17. Jahrhundert die ersten Rahmenbedingungen für *Friendly Societies*. Im Jahr 1793 wird der erste *Friendly Societies Act*, auch *Rose's Act* genannt, vom Parlament verabschiedet. Im Laufe des 19. Jahrhunderts sollten viele Änderungen folgen. Insgesamt verabschiedet das Parlament zwanzig Gesetze über die *Friendly Societies* und gibt zwischen dem *Rose's Act* von 1793 und der *Royal Commission* von 1870–1874 sechs Untersuchungen über die Gesellschaften in Auftrag. Schließlich, spätestens 1911, wird das System der gegenseitigen Hilfe der *Friendly Societies* vom Wohlfahrtsstaat übernommen (Cordery 2003, 105). Dieser Verdrängungsprozess geschieht weder ohne Zutun der *Friendly Societies* selbst noch überraschend. Vielmehr handelt es sich, wie hier argumentiert werden soll, um eine kontinuierliche Verhandlung zwischen dem Staat und den *Friendly Societies*, in der letztere von ersteren kooptiert werden, ohne zu bemerken, dass jeder Schritt in Richtung Regulierung ein Schritt in Richtung Selbstverpflichtung war.

Nach dem *Friendly Society Act* von 1793 können sich diese Organisationen bei der Regierung registrieren lassen. In diesem Fall müssen sie einige Vorschriften bezüglich der Anlage ihrer Mittel, der Aufteilung ihrer Leistungen und ihrer Verwaltung im Allgemeinen befolgen. Im Gegenzug dürfen die Gesellschaften als juristische Personen agieren, können für verlorene und gestohlene Gelder klagen, können ihre Gelder in Staatsschulden investieren und sind von einigen Steuern befreit. Im Prinzip verpflichtet das Gesetz alle *Friendly Societies* zur Registrierung; es kann dies jedoch nicht durchsetzen. Dies wird dann in einer Änderung von 1829 korrigiert, die die Eintragung völlig freiwillig macht. Diese Eintragung kann auf Wunsch bei bevollmächtigten Rechtsvertretern in London, Dublin oder Edinburgh vorgenommen werden, die eine Bescheinigung ausstellen würden. Später schafft der *Friendly Society Act* von 1846 diese halblokale Form der freiwilligen Registrierung ab und schafft die zentralisierte Funktion eines *Registrars* innerhalb des Staates – was sich als erster Schritt der Zentralisierung erweisen sollte (Cordery 2003, 105).

Wichtiger als die Eintragung ist die Frage, welche Informationen die *Friendly Societies* im Falle einer Eintragung offenlegen müssen. Zu Beginn des Gesetzgebungsverfahrens müssen sie ihre versicherungsmathematischen Unterlagen zur Genehmigung vorlegen. Da viele Gesellschaften nicht über solche Dokumente verfügen, erweist sich deren Erstellung als kostspielig und kompliziert. Darüber hinaus führte dies zu einem Anstieg des Misstrauens in das System – nicht so sehr von Seiten der Gesellschaften selbst, sondern vielmehr von Seiten ihrer Mitglieder, die staatliche Eingriffe, Besteuerung und sogar Enteignung befürchteten. Bis 1830 sinkt die Zahl der Gesellschaften, die eine Registrierung beantragen, von 1500 auf 215 jährlich (Cordery 2003, 106). Das Gesetz von 1846 gibt den Gesellschaften mehr Spielraum bei ihren Investitionen, so dass sie ihre Mittel absichern und gleichzeitig eine stärkere versicherungsmathematische Kontrolle ausüben können. Außerdem werden die Tätigkeitsbereiche der Gesellschaften ausgeweitet, so dass sie nun auch alle mit Hilfe von versicherungsmathematischen Tabellen berechenbaren und nicht ausdrücklich illegalen Anlagen tätigen können. Dieses Gleichgewicht führt zu einer Wiederherstellung der Attraktivität – wahrscheinlich aber nicht des Vertrauens – und die Zahl der registrierten Gesellschaften steigt wieder an (Cordery 2003, 112).

1850 wird ein neues Gesetz verabschiedet. Das neue Gesetz erkennt einige der „geheimnisvolleren" Aspekte der Arbeit der *Friendly Societies* an, wie z. B. Geheimzeichen, Passwörter und Insignien. Wie bei derartigen Regelungen üblich, gibt das Gesetz einigen Forderungen der Gesellschaften nach, ihnen einige staatliche Belange aufzuerlegen. So schreibt der Gesetzentwurf nicht nur vor, dass jede Gesellschaft ihre gesamten Finanzdaten zu melden hat, sondern schreibt auch bestimmte Arten der Rechnungsprüfung vor. Darüber hinaus werden zwei Kategorien von Vereinen eingeführt: die eingetragenen und die zertifizierten Vereine. Die erste Kategorie kann von einem Beauftragten der Gesellschaft, d. h. von einem anderen Mitglied, geprüft werden. Die zweite kann nur von einem Aktuar geprüft werden. Doch auch diese Bestimmung stößt auf Widerspruch, und die beiden Kategorien werden mit einer Änderung des Gesetzes im Jahr 1854 abgeschafft (Weinbren and James 2005).

Das letzte große Gesetz ist der *Friendly Societies Act* von 1875. Er wurde auf der Grundlage der Ergebnisse der *Royal Commission on Friendly Societies* (1871–1874) erarbeitet. Er legt fest, welche Arten von Berichten die Gesellschaften bei der Regierung einreichen müssen, und führt ein Beschwerdeverfahren ein. Außerdem erlaubt es angeschlossenen Orden wie den Oddfellows mit mehreren Logen, die der gleichen Organisation angehören, sich als Einzelgesellschaften zu registrieren, wobei sie als Gesellschaften mit einer Zweigstellenstruktur definiert werden, bei der die lokalen Gesellschaften in einen zentralen Fonds einzahlen. Danach wurden neue Gesetze oder Änderungen erlassen, die sich mit spezifischen Problemen und Arten von Gesellschaften befassten, wie z. B. Gesellschaften innerhalb von Unternehmen. Bis 1911 kam es jedoch zu keiner wesentlichen Änderung der Beziehungen zwischen Gesellschaften und Staat (Cordery 2003, 118). Cordery (2003, 123) erklärt, was im Gefolge des Gesetzes von 1911 geschah:

„Im Jahr 1911 wurde ein gesetz verabschiedet, das die Sozialversicherung für die meisten Erwerbstätigen vorsah. Zwischen 1912 und 1948 wurde dieses System der obligatorischen Krankenversicherung für Arbeitnehmer im Niedriglohnbereich von „zugelassenen Gesellschaften" verwaltet, zu denen befreundete Gesellschaften, Gewerkschaften und kommerzielle Versicherungsunternehmen gehörten. Das System beinhaltete einen bescheidenen staatlichen Zuschuss und baute auf den Zahlungstraditionen und -strukturen der „Friendly Societies" und Gewerkschaften auf, von denen einige bereits Arbeitslosengeld anboten. Alle Erwerbstätigen im Alter zwischen 16 und 70 Jahren, die weniger als 160 Pfund pro Jahr verdienten oder unabhängig von ihrem Verdienst Arbeiter derselben Altersgruppe waren, mussten einer von der Regierung zugelassenen Gesellschaft beitreten. Durch die Gesetzgebung waren 1912 zwischen 11 und 12,4 Millionen Menschen krankenversichert, und diese Zahl stieg in den folgenden Jahren an, da die Bevölkerung wuchs und sich die Schwelle für die Anspruchsberechtigung änderte. Die Arbeitgeber kauften auf dem Postamt Briefmarken, klebten sie auf die Beitragskarten der Arbeitnehmer und zogen den Arbeitnehmeranteil direkt vom Lohn ab. Diese Karten wurden an die zugelassene Gesellschaft des Mitglieds zurückgeschickt, die sie als Nachweis für das beitragspflichtige Einkommen an das Ministerium zurückschickte. Obwohl die täglichen Verwaltungsentscheidungen angeblich den zugelassenen Gesellschaften überlassen wurden, wurden die Transaktionen zwischen dem Zentrum und den einzelnen Gesellschaften in der Praxis durch das Auditverfahren überwacht. Der Controller, die offiziellen Rechnungsprüfer und der staatliche Versicherungsmathematiker bestimmten gemeinsam, wie sich das System entwickelte (Übersetzung Henrique Schneider)."

Diese Beschreibung zeigt, wie die *Friendly Societies* nach 1911 kaum mehr als Agenturen des Staates sind und wie ihre wirtschaftliche Funktion ihre soziale, religiöse oder emotionale Bedeutung verschleiert. Nach 1911 sind die *Friendly Societies* de facto Teil der Staatsmaschinerie. Die Steigerung der Effizienz wird zu ihrem Hauptziel. Sie organisieren keine Veranstaltungen mehr, verzichten auf Rituale, kodierte Sprache und symbolische Gesten. Ebenso lassen sie alle Anforderungen an das moralische oder soziale Verhalten ihrer potenziellen Nutznießer fallen und konzentrieren sich ausschließlich auf den wirtschaftlichen Teil der Gegenseitigkeit. Und selbst aus wirtschaftlicher Sicht, als Teil des Staates, hören sie auf, wirklich mutualistisch oder selbsthilfeorientiert zu sein. Die mittelviktorianische Arbeiteraristokratie, d. h. der Arbeiter, der sich wie die Oberschicht verhält, hört auf zu existieren. Stattdessen orientieren sich die Arbeiter an den Gewerkschaften und schließen sich der Idee des Klassenkampfes an (Pelling 2016). Einige *Friendly Societies* wie die Oddfellows bleiben bestehen und führen ihr rituelles Programm fort, stellen aber ihren wirtschaftlichen Selbsthilfedienst ein. Sie werden zur Wohltätigkeit.

Die Sichtweise des Staates

Die im vorangegangenen Unterkapitel zusammengefassten Gesetzgebungsprozesse können als zunehmende Intervention des Staates durch Regulierung der *Friendly Society* verstanden werden. Die Ziele des Staates sind: Erstens die Schaffung von Rahmenbedingungen für diese Gesellschaften, zweitens die Erhöhung der Transparenz ihrer versicherungsmathematischen und finanziellen Abläufe, drittens die Vereinheitlichung ihrer versicherungsmathematischen und Anlagepraktiken, viertens die

Vereinheitlichung und Registrierung der Gesellschaften als solche und schließlich die Überlagerung der Gesellschaften durch staatliche Strukturen.

In diesem Abschnitt werden die Gründe untersucht, die den Staat veranlasst haben, auf diese Integration zu drängen. Der hier verwendete Begriff „staatlicher Standpunkt" ist ein Sammelbegriff für die im Parlament und von der Verwaltung vorgebrachten Argumente. Diese Argumente erwiesen sich als diejenigen, die von der Mehrheit bevorzugt wurden. Die Sichtweise des Staates ist hier also eine ex-post Sichtweise. Hier wird weder behauptet, dass diese Entwicklung vorherbestimmt war, noch dass der gesamte britische Staat so denkt und handelt. Die Sichtweise des Staates ist eine zugeschriebene Kategorie, um besser analysieren zu können, wie dieser Prozess ablief. Der Standpunkt der *Friendly Societies*, eine ähnlich konstruierte Kategorie, wird im nächsten Unterkapitel diskutiert.

Es gibt gute Gründe für die Annahme, dass die in den ersten *Poor Laws* zum Ausdruck gebrachten wohltätigen Anliegen und die Beschäftigung mit einer Art sozialer Frage echt waren. Die Frage, wie man Menschen für neue Arbeitsplätze und an neuen Orten freisetzt und wie man mit den Armen umgeht, ist seit dem 16. Jahrhundert Teil des öffentlichen Diskurses in Großbritannien. In dem Maße, wie der interne Arbeitsmarkt flexibler wird und es zu mehr Migration und Urbanisierung sowie zu einem (wahrgenommenen) Prekariat kommt, gewinnt die soziale Frage an Gewicht. Einige Politiker und Verwaltungsbeamte sind der Ansicht, dass das Problem so komplex ist, dass es nicht durch niedrigschwellige oder freiwillige Maßnahmen gelöst werden kann und daher robustere und obligatorische staatliche Maßnahmen erforderlich sind. Seit dem 17. Jahrhundert werden Ideen für staatlich geführte Sozialprogramme und sogar für einen umfassenden Wohlfahrtsstaat mehrmals im Parlament diskutiert. Wenn sie abgelehnt werden, dann mehrheitlich mit der Begründung, dass sie gar nicht gebraucht werden und nicht so sehr, weil sie freiwilliges Handeln verdrängen könnten (Lindert 1998).

Einer der Gründe für die staatliche Regulierung der *Friendly Society* ist das mangelnde Vertrauen in die *Friendly Societies* im Besonderen und in die Arbeiterklasse im Allgemeinen. Viele Vertreter des Parlaments und der Verwaltung, die einer paternalistischen Weltanschauung anhängen, trauen der Arbeiterklasse nicht zu, dass sie sich selbst organisieren oder solide Versicherungsgesellschaften gründen kann. Selbst die Befürworter der Selbsthilfe und der Versicherungsvereine auf Gegenseitigkeit sind oft der Meinung, dass solche Organisationen von der Kirche geleitet oder von oben nach unten organisiert werden könnten, mit einem angemessenen Überblick und entsprechender Anleitung. Diese Kreise nehmen jeden Fall von Missmanagement – und davon gab es einige – als Beweis für die prinzipielle Unfähigkeit der *Friendly Societies*, sich selbst zu organisieren (August 2007).

Aber es gibt auch das Misstrauen derjenigen, die jeder Selbstorganisation der Arbeiterklasse misstrauen. Diese zweite Gruppe, die sich von einem konservativen politischen Ansatz leiten lässt, ist misstrauisch gegenüber einer erfolgreichen Selbstorganisation, die zu mehr Identität in der Arbeiterklasse, mehr Durchsetzungsvermögen, mehr Solidarität innerhalb der Arbeiterklasse und schließlich zum Klassenkampf führt. Diese Gruppe fürchtet die gewerkschaftliche Organisierung am Arbeitsplatz und die politische Mobilisierung. Dieser zweite Kreis von Akteuren hat kein Interesse daran, dass *Friendly Societies* sich und ihre Mitglieder als respektablen, sozialen und verantwortungsvollen Teil der Zivilgesellschaft etablieren (Lindert 1998; Rose 2021). Dieser zweite, konservativere Kreis von politischen Akteuren argumentiert vor dem Hintergrund der Französischen Revolution – im Großen und Ganzen 1789–1799 -, die sie fälschlicherweise als eine Revolution der Armen gegen die etablierte Ordnung des Landes verstanden haben. Sie befürchten, dass eine gut organisierte Arbeiterklasse in Großbritannien das Gleiche tun könnte, und vermuten, dass die sozialen und intellektuellen Aktivitäten der *Friendly Societies* ein Vektor für revolutionäres Denken sind oder werden könnten.

Die im *Rose's Act* festgelegte elitäre Aufsicht über die *Friendly Society* stellt einen Kompromiss zwischen diesen drei Positionen dar: der karitativen, der paternalistischen und der konservativen. Es sieht zwar keine politische Kontrolle der *Friendly Societies* vor, aber es werden Ämter wie das des Registrators eingerichtet. Dabei handelt es sich um eine Person, die der Gesellschaft fremd ist, aber ihre Finanzen kontrolliert. Die Hoffnung ist, dass ein *Registrar* mit vollem Zugang zu den Konten in der Lage wäre zu sehen, ob das Geld der Gesellschaft für politische Zwecke verwendet wird, und einen gewissen persönlichen Einfluss auf die Funktionäre der Gesellschaften auszuüben, auch auf deren Politik (Weinbren und James 2005, 92). Cordery (2003, 45) verdeutlicht diesen Punkt:

> „Die Gesetzgebung fiel in eine Zeit wachsender innenpolitischer Unruhe. Die Französische Revolution und die nachfolgenden europäischen Kriege hatten große Teile der britischen Bevölkerung in Fragen wie Besteuerung und Repräsentation politisiert. Die britischen Republikaner prangerten die königlichen Ausgaben an, und die persönliche Unbeliebtheit Georgs IV. warf einen Schatten auf die Monarchie. Mit Hilfe von Spionen und Informanten versuchte das Innenministerium, jede potenzielle Bedrohung der parlamentarischen Monarchie zu unterwandern und zu untersuchen. Roses Gesetz war ein Beispiel dafür, wie die Regierung ihre Verbündeten identifizierte und klassifizierte, um ihre Feinde auszusortieren. Es ist auch ein Beispiel dafür, wie Menschen ohne formale Macht die Regierung unter Druck setzen konnten, um die rechtliche Anerkennung von Unternehmen zu erreichen. *Friendly Societies* in Leeds ersuchten das Parlament 1786 erfolglos um die Genehmigung ihrer Satzung, woraufhin die Londoner *Friendly Societies* in der Times eine Anzeige schalteten, in der sie um Unterstützung für die rechtliche Anerkennung warben, und auch die Gesellschaften in Bradford bemühten sich um eine Genehmigung. George Rose formulierte die Gesetzgebung, nachdem er die Meinung der Mitglieder der Friendly Societies eingeholt hatte, die bestätigten, dass sie eine obligatorische Aufnahme in ein staatliches Anmeldesystem niemals akzeptieren würden. F. M. Eden schrieb 1797: „Es gibt große Einwände gegen alle obligatorischen Formen der Errichtung von *Friendly Societies*: Welcher Nutzen auch immer den Armen zugedacht ist, sie zur Zeichnung zu verpflichten, bedeutet im Grunde, sie zu besteuern." (Übersetzung Henrique Schneider)"

Diese Darstellung ist in mehrfacher Hinsicht interessant. Erstens zeigt sie, dass die Regulierung der *Friendly Society* ein politischer Verhandlungsprozess ist. Die Gesellschaften werden konsultiert, liefern ihren Beitrag und setzen sich für die Regulierung ein. Die Verhandlung, die hier stattfindet, besteht darin, dass der Gesetzgeber den Wünschen der Gesellschaft entgegenkommt und die Gesellschaft ihre eigene Regelung aktiv unterstützt. Zweitens wird die politische Absicht der Verordnung deutlich. Es geht darum, Verbündete in der Arbeiterklasse zu schaffen, indem man ihre Organisationen vereinnahmt. Die Beschäftigung mit der Französischen Revolution bildet den Hintergrund für die staatliche Ouvertüre, erklärt sie aber nicht vollständig. Vielmehr ist es die Absicht des Staates, seinen Einfluss- und Kontrollmechanismus auf jene Organisationen auszudehnen, die potenziell problematisch werden könnten, insbesondere mit dem Ziel, die Arbeiterklasse zu spalten, um eine klassenmäßige Mobilisierung und einen klassenmäßigen Kampf zu verhindern.

Eine weitere, ähnliche Quelle der Besorgnis ist der rituelle Aspekt der *Friendly Society*, insbesondere Eide und kodierte Sprache. Cordery (2003, 106) berichtet darüber:

> „Auf der anderen Seite wurden einige Arbeiter aus Dorset, die einen Freundschaftsverein gegründet hatten, strafrechtlich verfolgt, weil sie einen Eid geleistet hatten. Sie wurden auf der Grundlage des Gesetzes über ungesetzliche Eide von 1797 verurteilt und für sieben Jahre nach Australien verbracht. Ein Abgeordneter stellte einen Zusammenhang zwischen den Vorwürfen des Aufruhrs und den Oddfellows her. Er gab zu, dass er die Gesetzgebung von 1797 nicht kannte, und fügte hinzu: „Wenn geheime Eide tatsächlich illegal und durch dieses Gesetz strafbar waren, war er selbst anklagbar, da er der Society of Oddfellows angehörte und in dieser Gesellschaft einen geheimen Eid abgelegt hatte, der damals von einem angesehenen Juristen geleitet wurde, der heute in der Rechtspflege hoch angesehen ist und der ihm den Eid tatsächlich abnahm". Die Oddfellows bemühten sich, ihre Loyalität zu zeigen. Der Loyalitätseid gegenüber der Gesellschaft wurde durch ein Versprechen ersetzt, und 1837 erklärten die Oddfellows, dass es den Mitgliedern nicht gestattet sei, zu religiösen oder politischen Themen zu singen oder einen Toast auszusprechen, und dass auch kein Streikgeld aus der Kasse der Gesellschaft gezahlt werden dürfe. Im Jahr 1841 wurde festgelegt, dass nur Mitglieder, die ,der Königin und der Regierung wohlgesinnt' waren, Zahlungen erhalten sollten. Wie im vorigen Abschnitt erwähnt, wurden Rituale erst dann gesetzlich erlaubt, nachdem die staatlichen Kontrollen eingeführt und verschärft worden waren (Übersetzung Henrique Schneider)."

Diese Beschreibung erzählt nicht nur vom Misstrauen des Staates gegenüber der Geheimhaltung und dem rituellen Verhalten, sondern zeigt auch, wie erfolgreich der Staat bei der Vereinnahmung der *Friendly Society* ist. Die Oddfellows halten sich bereitwillig an die Verordnung, die einige ihrer Rituale verbietet. Sie verzichten auf die Finanzierung des Klassenkampfes. Schließlich machen sie die Unterstützung und Bindung an den Staat zu einem Teil ihres Moralkodex. Niemand kann beitreten, ohne der Königin und dem Land gegenüber Loyalität zu zeigen. Der Arbeiter wird in einen Gentleman verwandelt – einen gesetzestreuen, königstreuen, staatsverbundenen Gentleman – nicht nur durch die wirtschaftlichen und gefühlsmäßigen Mittel der *Friendly Society*, sondern auch durch die Vorschriften der *Friendly Society*.

Die Sichtweise der *Friendly Society*

Die beiden in den vorangegangenen Unterabschnitten zitierten Beschreibungen verraten bereits, dass die *Friendly Societies* nicht grundsätzlich gegen ihre eigene Regulierung sind. Stattdessen verhandeln sie die Bedingungen der Regulierung mit dem Staat. Diese Verhandlung führt zu einem sich selbst erhaltenden Kreislauf, in dem die *Friendly Society* dem Staat entgegenkommt und der Staat der *Friendly Society*. In einer moderneren Sprache könnte man von Lobby oder Kartell sprechen. Wie sah die *Friendly Society diese Entwicklung?*

In den *Friendly Societies* gibt es phänotypisch drei Denkweisen. Die eine ist ein praxisorientierter Ansatz, der nur oder hauptsächlich an der Erfüllung der Aufgaben der Gesellschaften interessiert ist und sich weder für noch gegen Regulierung interessiert. Die andere ist eine kalkulierte Unterstützung der Regulierungsinitiativen, weil sie zusätzliche Möglichkeiten, mehr Sicherheit und ein höheres Ansehen ermöglichen. Die dritte ist Misstrauen und Angst vor detaillierten Eingriffen, Besteuerung und Enteignung. Man kann davon ausgehen, dass die meisten *Friendly Societies* nicht gegen eine Regulierung sind, dass aber auch ein gewisses Misstrauen darüber besteht, was der Staat wirklich zu tun beabsichtigt. Cordery (2003, 106) erklärt diese Ambivalenz:

„Ungeachtet der Hegemonie des Voluntarismus zeigten die Werktätigen zwei potenziell widersprüchliche Haltungen gegenüber staatlichen Maßnahmen: Angst vor deren Folgen und große Hoffnungen auf deren Auswirkungen. Die Furcht beruhte auf der Erwartung, dass sich der Staat die angesammelten Gelder aneignen würde, entweder in Form von Steuern oder direkt als eine Form von legalisiertem Diebstahl. Die hohen Erwartungen zeigten sich in einem verbreiteten Missverständnis über das Wesen der Registrierung. Viele Mitglieder beklagten sich darüber, dass sie eingetragenen Vereinen in der Annahme beitraten, die Eintragung verpflichte die Regierung, die Mittel des Vereins zu garantieren, was sich als falsch erwies (Übersetzung Henrique Schneider)."

Im 18. und 19. Jahrhundert stehen die *Friendly Societies* vor mehreren Problemen. Aufgrund ihrer Organisationsform sind sie nicht in der Lage, diese aus eigener Kraft zu lösen. Erstens steht die Herausforderung der Legalität. In der britischen Rechtstradition – und vielleicht auch in der Kultur der Vorsicht – ist Regulierung ein Zeichen von Legalität. Unregulierte Einrichtungen sind zwar nicht per se verboten, tragen aber den Stempel einer potenziell rechtswidrigen Tätigkeit. Die Regulierung der *Friendly Society* legalisiert sie und macht sie respektabel.

Dann haben viele Gesellschaften Probleme mit Misswirtschaft und Betrug. Manchmal machen sich Amtsträger mit der Kasse davon oder verschwören sich, um die Kasse zu leeren. Später haben viele Gesellschaften unzureichende versicherungstechnische und treuhänderische Systeme mit Fehlern und manchmal auch Betrug. Diese Probleme sind jedoch bei kleineren Gesellschaften, die von Personen geführt werden, die allein aufgrund ihres Charismas gewählt wurden, weitaus stärker ausgeprägt. Außerdem ist statistisch gesehen nur eine Minderheit der Gesellschaften tatsächlich mit diesen Problemen konfrontiert. Nichtsdestotrotz wird das Auftreten von Betrug und Fehlern weithin publik gemacht, führt zu Spannungen innerhalb der Mitgliederschaft und bietet Politikern einen Grund zur Regulierung. Ismay (2015, 115) gibt ein Beispiel:

„Im Jahr 1845 stellte der bekannte Versicherungsmathematiker Francis Neison eine Berechnung an, aus der hervorging, dass die Verbindlichkeiten des Independent Order of Odd Fellows, Manchester Unity, in Bezug auf Krankheit und Tod so viel höher waren als seine Vermögenswerte, dass er in zwanzig Jahren ein Defizit von fast 10 Millionen Pfund aufweisen würde. Die Bekanntgabe eines solch spektakulären Defizits bei der Manchester Unity war nicht nur für die Odd Fellows besorgniserregend."

Es mag fraglich sein, ob die *Friendly Society* als solche mit diesen Problemen nicht umgehen kann. Die Mehrheitsmeinung sowohl in den Gesellschaften als auch in der Regierung ist jedoch, dass sie dies nicht können und daher eine Standardisierung und Regulierung benötigen (Ismay 2015).

Eine andere Art von Herausforderung ist das Investitionsuniversum. Solange die Gesellschaft um die Loge versammelt ist, d. h. alle ihre Mittel liquide sind, besteht keine Notwendigkeit zu investieren. Sobald die Mitglieder jedoch beschließen, ihre Mittel finanziell einzusetzen, und erkennen, dass der Inhalt der Kiste, oder besser gesagt, das Geld auf den Konten, den Nutzen erhöhen kann, wenn es richtig investiert wird, stellt sich die Frage, welche Investitionen die Gesellschaft tätigen kann. In einem System, in dem die rentabelsten Investitionen nur von juristischen Personen getätigt werden können, kann die *Friendly Society* nur als investitionsfähige juristische Person konstituiert werden, wenn die Gesetze dies zulassen. Viele Gesellschaften sehen die Möglichkeit des Zugangs zu bestimmten Arten von Investitionen als Grund für ihre eigene Regulierung. Eine ähnliche Herausforderung ist die Entfaltung von Größen- und Netzwerkeffekten, was für die in Zweigstellen organisierten Gesellschaften wie Oddfellows und Forresters von Interesse ist. Ihre Anerkennung als Mehrspartenunternehmen ermöglicht es ihnen, mehr Geld zu investieren, die Einnahmen für die Mitglieder zu erhöhen und die Verwaltungskosten zu senken (Cordery 2003, 93).

Schließlich ist es das stillschweigende Ziel vieler Gesellschaften, Arbeiter zu Gentlemen zu machen. Die mit der Regulierung verbundene Legalität, ihre Sicherheit, ihre Umwandlung in InvestmentGesellschaften und ihre Verbindung zu Politik und Staat verschaffen den Gesellschaften das Ansehen, das sie brauchen, um sich einen guten Ruf zu verschaffen.

Die zunehmende Regulierung wirkt sich positiv oder zumindest nicht nachteilig auf die Mitgliedschaft in Männergesellschaften aus. So wurden beispielsweise von den 30.074 Oddfellows-Logen, die in den 70er-Jahren des 19. Jahrhunderts aktiv sind, etwa 14.700 nach 1835 gegründet (Weinbren 2019, 210). Ein weiteres Beispiel: In Bristol sind nur 9 Gesellschaften aus der Zeit vor 1793 überliefert, verglichen mit 41, die zwischen 1793 und 1815 gegründet wurden, und eine andere Zählung von 1803 ergab 88 Gesellschaften in der Stadt. In den späten 1860er-Jahren hatten mehr als hundert Bristoler Gesellschaften Konten bei der Savings Bank der Stadt, was etwa zwei Drittel der Gesamtzahl der damals existierenden Gesellschaften ausmachte (Gorsky 1998b, 315).

Wie bereits erwähnt, sind nicht alle Gesellschaften und nicht alle Mitglieder mit einer stärkeren Regulierung einverstanden. Es gibt einige Widerstände und Verfahren, die für kontroverse Diskussionen in den Vereinen selbst verantwortlich sind. Ein Teil dieses Widerstands gegen die Regulierung ist auf Misstrauen zurückzuführen. Zum Teil ist er aber auch prinzipieller Natur. Einige *Friendly Societies* verstehen sich als gegenseitige Hilfsorganisation von Arbeitnehmern und für Arbeitnehmer. Sie schätzen ihre Unabhängigkeit und ihren im Wesentlichen von unten nach oben gerichteten Charakter. Sie sehen in jeder staatlichen Regulierung einen Verlust an Autonomie, Selbstmanagement und Selbststeuerungsfähigkeiten (Beito 2000, 164). Widerstand kommt auch von denjenigen, die der zunehmenden Regulierung überdrüssig werden. Sie befürchten, dass der Staat die *Friendly Society* durch Wohlfahrtsprogramme verdrängt. Manche befürchten auch, dass sich in diesem Fall alle Bemühungen um die Zivilisierung der Arbeiterklasse als unwirksam erweisen würden, d. h. die Einführung des Wohlfahrtsstaates würde auch den Klassenkampf zementieren (Beito 2000, 174; August 2007, 106; Pelling 2016).

Mit dem Gesetz von 1911 werden die *Friendly Societies* zu Agenten des Wohlfahrtsstaates und verlieren einen Großteil ihrer wirtschaftlichen Unabhängigkeit und die meisten ihrer emotionalen Funktionen. Der Staat führt Wohlfahrtsprogramme mit dem Argument der Effizienz ein. Es wird behauptet, dass das Netz der *Friendly Societies* zu kompliziert und kostspielig sei. Außerdem weist dieses Netz Lücken auf, so dass Gruppen von Menschen unversorgt bleiben. Zu Beginn akzeptieren die *Friendly Societies* den Wohlfahrtsstaat, weil sie dem Effizienzargument folgen, das sie selbst seit über 100 Jahren vorgebracht haben. Doch dann erkennen sie ihre faktische, wenn auch nicht formale Verdrängung. Das geschieht zu spät, um ihr Geschäftsmodell noch zu retten.

Schlussfolgerungen

Hier wird die *Friendly Society* im Großbritannien des 19. Jahrhunderts untersucht. Es wird erklärt, was eine solche Organisation tut – sie ist ein wirtschaftlicher Selbsthilfeverein auf Gegenseitigkeit, und sie ist eine emotionale Organisation, die soziale und manchmal religiöse Ressourcen ihrer Mitglieder mobilisiert, um Identität zu schaffen und Reputation zu projizieren. In dieser Abhandlung geht es jedoch hauptsächlich um die Regulierung der *Friendly Society* – sie fand im 19. Jahrhundert statt und zielte darauf ab, die versicherungsmathematischen und treuhänderischen Praktiken der Gesellschaften zu standardisieren, ihnen mehr Sicherheit gegen Betrug und Verluste zu geben, das Anlageuniversum zu öffnen und eine gewisse Aufsicht zu gewährleisten, d. h. sie dem Staat zu unterstellen. Diese schrittweisen Effizienzsteigerungen endeten jedoch damit, dass ein angeblich supereffizienter Wohlfahrtsstaat die *Friendly Society* durch ein allumfassendes Netz staatlicher Programme verdrängte, das theoretisch von seinen eigenen Größen- und Netzwerkeffekten profitierte.

Hier werden die Standpunkte des Staates und der *Friendly Societies* untersucht, wobei die zunehmende Regulierung als ein Aushandlungsprozess zwischen den beiden dargestellt wird. Der Staat erreicht seine Ziele der Kontrolle und Stabilisierung, und die Gesellschaften erreichen ihre Ziele der Sicherheit und Seriosität. Jeder muss das Misstrauen gegenüber dem anderen überwinden und sich auf die Forderungen der anderen Seite einstellen. Am Ende sind jedoch beide Seiten mit den erzielten Kompromissen zufrieden, zumindest soweit sie deren Ausmaß beurteilen können, was jedoch nicht die volle Wirkung dieses Entgegenkommens ist.

Diese Diskrepanz ist der Fall, weil die versteckten Kosten einer solchen Reihe von entgegenkommenden Kompromissen hoch sind. Letztendlich verlieren die *Friendly Societies* ihre Daseinsberechtigung, indem sie zu Erfüllungsgehilfen des Wohlfahrtsstaates werden. Und der Staat verliert sein Bündnis mit der Arbeiterklasse, indem er die emotionale Funktion der *Friendly Society* abbaut, die zu gewerkschaftlicher Organisierung und Klassenkampf führt – genau die Ergebnisse, die der Staat verhindern will.

Eine wichtige Schlussfolgerung in diesem Zusammenhang ist, dass Kooptation, Lobbyismus oder Kartelle in der Regel zu versteckten Kosten führen. Sie sind versteckt, weil die handelnden Akteure sie oft weder anerkennen noch vorhersehen. Stattdessen missverstehen sie die erzielten Kompromisse als Win-Win-Situationen, ohne die größere Perspektive zu berücksichtigen. Eine weitere Schlussfolgerung ist, dass diese Kosten nicht immer sozialisiert werden. Vielmehr können sie den Akteuren selbst schaden, indem sie zu Ergebnissen führen, die ihren Wünschen völlig zuwiderlaufen. Ein Grund dafür ist, dass die Agenten die unmittelbaren Ergebnisse bewerten und die längerfristigen Ergebnisse des Prozesses, zu dem sie beigetragen haben, auf Null reduzieren. Eine weitere Schlussfolgerung ist, dass kleinschrittige Prozesse für diese Art von Ergebnissen anfällig sind, weil die Akteure in der Regel nur die kleinen Schritte beurteilen, die sie unternehmen, und nicht den Prozess in seiner Gesamtheit. Die Wahrscheinlichkeit, die Gesamtheit der Ergebnisse auf Null zu reduzieren, ist bei einer Reihe von kleinen Schritten größer als bei einem großen Arrangement. Diese Schlussfolgerungen lassen sich aus dem hier untersuchten Prozess am Beispiel der *Friendly Society* ziehen, sie können aber auch ohne weiteres auf allgemeinere Entwicklungen übertragen werden.

Literatur

Amigoni, David. *Colonies, Cults and Evolution: Literature, Science and Culture in Nineteenth-Century Writing*. Vol. 59. Cambridge University Press, 2007.

August, Andrew. *The British working class, 1832–1940*. Pearson Education, 2007.

Beito, David T. *From mutual aid to the welfare state: Fraternal societies and social services, 1890–1967*. Univ of North Carolina Press, 2000.

Bogdan, Henrik, and Joannes Augustinus Maria Snoek. *Handbook of Freemasonry*. Brill, 2014.

Brewer, John. *The pleasures of the imagination: English culture in the eighteenth century*. Routledge, 2013.

Burt, Roger. „Freemasonry and socio-economic networking during the Victorian period." *Archives: The Journal of the British Records Association* 27.106 (2002): 31–38.

Cordery, Simon. „Friendly societies and the discourse of respectability in Britain, 1825–1875." *Journal of British Studies* 34.1 (1995): 35–58.

Cordery, Simon. *British friendly societies, 1750–1914*. Springer, 2003.

Gorsky, Martin. „The growth and distribution of English friendly societies in the early nineteenth century." *Economic History Review* (1998a): 489–511.

Gorsky, Martin. „Mutual aid and civil society: friendly societies in nineteenth-century Bristol." *Urban History* 25.3 (1998b): 302–322.

Ismay, Penelope. „Between providence and risk: Odd fellows, benevolence and the social limits of actuarial science, 1820s–1880s." *Past & Present* 226.1 (2015): 115–147.

Kalman, Raymond. „The Jewish friendly societies of London, 1793–1993." *Jewish Historical Studies* 33 (1992): 141–161.

Lindert, Peter H. „Poor relief before the welfare state: Britain versus the continent, 1780–1880." *European review of economic history* 2.2 (1998): 101–140.

Pelling, Henry. *A history of British trade unionism*. Springer, 2016.

Rose, Jonathan. *The intellectual life of the British working classes*. Yale University Press, 2021.

Vilar-Rodríguez, Margarita, and Jerònia Pons-Pons. „Friendly Societies and Sickness Coverage in the Absence of State Provision in Spain (1870–1935)." *Standard of Living: Essays on Economics, History, and Religion in Honor of John E. Murray*. Cham: Springer International Publishing, 2022. 97–118.

Weinbren, Dan, and Bob James. „Getting a grip: The roles of friendly societies in Australia and Britain reappraised." *Labour History* 88 (2005): 87–103.

Weinbren, Daniel. *Tracing Your Freemason, Friendly Society & Trade Union Ancestors: A Guide for Family Historians*. Pen and Sword, 2019.

David Humes Theorie des Staates
Der Staat als Problemlösungspraxis

David Hume, ein bedeutender schottischer Aufklärer, wandte seine empirische Philosophie umfassend auf die politische Theorie an. Im Gegensatz zu seinen Zeitgenossen, die ihre Theorien über den Staat häufig auf Konzepte wie göttliches Recht oder Gesellschaftsverträge stützten, entwickelte Hume eine funktionalistische Theorie, die davon ausging, dass der Staat aus praktischen Notwendigkeiten und nicht aus philosophischen oder göttlichen Ursprüngen erwächst.

Humes Theorie besagt, dass sich der Staat als direkte Reaktion auf die praktischen Bedürfnisse der Gesellschaft entwickelt, insbesondere bei der Bewältigung von Komplexität und der Erleichterung sozialer und wirtschaftlicher Interaktionen. Diese Perspektive basiert auf Beobachtungen des menschlichen Verhaltens und der organischen Entwicklung gesellschaftlicher Normen und nicht auf abstrakten normativen Grundsätzen.

Funktionalismus bedeutet hier, dass der Staat dazu da ist, Funktionen zu übernehmen, die die einzelnen Mitglieder der Gemeinschaft nicht übernehmen können. Der Staat existiert aufgrund seiner Funktion, die sich aus den Bedürfnissen einer wachsenden, zunehmend komplexen Gemeinschaft ergibt. Der Staat profitiert von der Rückkehr zur Komplexi-

H. Schneider, *Freiheit: Stationen einer Idee*, https://doi.org/10.1007/978-3-658-51604-8_45

tät. Das heißt, dass seine komplexe Organisation der Gesellschaft zugutekommt. Doch wie bei jeder oder den meisten Renditen, gibt es auch hier eine abnehmende Rendite. Irgendwann wird der Staat so komplex, dass er seine Funktion nicht mehr ausüben kann.

In diesem Beitrag wird Humes empirischer Ansatz zum Verständnis des Staates untersucht, wobei der Schwerpunkt auf seiner Kritik an bestehenden Theorien und seinen Vorschlägen zur natürlichen Entstehung von Regierungsstrukturen liegt. Hume argumentiert, dass die Legitimität und die Funktionen des Staates von ihrer Effektivität bei der Erfüllung der spezifischen Bedürfnisse der Gesellschaft abhängig sind. Diese funktionale Sichtweise verlagert die Diskussion von theoretischen Rechtfertigungen politischer Autorität zu einer Analyse, die auf praktischen Ergebnissen und gesellschaftlichem Nutzen beruht.

Im ersten Abschnitt wird erläutert, warum Hume seine Theorie entwickelt hat, anstatt sich mit den etablierten Theorien zu verbinden. Im zweiten Abschnitt wird der Begriff Handelsgesellschaft kurz erläutert, um einen Hintergrund für Humes Gedanken zu liefern. Im dritten Abschnitt wird Humes Funktionalismus näher beleuchtet. Im vierten Abschnitt werden seine Stärken und Schwächen bewertet. Im vierten und letzten Abschnitt werden einige Merkmale Humes zusammengefasst, die „gerettet" werden können.

Hume gegen die anderen

David Hume, der Empiriker schlechthin, wandte sich gegen die vorherrschenden politischen Ideologien seiner Zeit, die er für spekulativ hielt und denen es an empirischer Grundlage mangelte. Seine Kritik richtete sich vor allem gegen zwei wichtige Theorien: das göttliche Recht der Könige und die Theorie des Gesellschaftsvertrags. Diese Kritiken spiegeln sein allgemeines philosophisches Engagement für den Empirismus und seine Skepsis gegenüber spekulativen Überlegungen wider (Milton, 1982, 25).

Das göttliche Recht der Könige, das besagt, dass Monarchen ihre Autorität direkt von Gott ableiten, war ein Ziel von Humes kritischer Untersuchung. Er argumentierte, dass es dieser Theorie an überprüfbaren

Beweisen fehle und sie grundsätzlich irrational sei, da sie von religiösen Überzeugungen abhänge, die nicht allgemein geteilt würden oder nachweisbar seien. Hume stellte die Praktikabilität und die Rationalität einer allwissenden, allmächtigen Gottheit in Frage, die fehlbare menschliche Vertreter zur Ausführung des göttlichen Willens auswählt. Diese Kritik war Teil eines bedeutenden Trends im Denken der Aufklärung, der die Verflechtung von Kirche und Staat in Frage stellte und stattdessen für eine säkulare Regierungsführung auf der Grundlage beobachtbarer und rationaler Kriterien plädierte.

Humes Skepsis gegenüber dem göttlichen Recht war theologischer und politischer Natur; er sah solche Lehren als gefährlich absolutistisch an, da sie möglicherweise die unkontrollierte Macht von Monarchen rechtfertigten, die sich auf unanfechtbare göttliche Autorität beriefen. Indem er diese Theorie untergrub, wollte Hume einen kritischeren und hinterfragenden Ansatz gegenüber Autorität fördern, der zu verantwortungsvolleren und rationaleren Regierungsstrukturen führen könnte.

Andererseits war Hume nicht der Meinung, dass der Absolutismus von Natur aus illegitim sei. Er könnte sich stillschweigend aus der sozialen Organisation ergeben haben, um einige Gemeinschaftsprobleme zu lösen. Er könnte die Antwort einer Gesellschaft auf besondere Herausforderungen bei der Organisation von Komplexität sein. Während er dem Absolutismus des göttlichen Befehls (aus normativen Gründen) nicht zustimmte, ließ Hume zu, dass er ein soziales Produkt, eine Funktion der Gesellschaft (aus analytischen Gründen) sei (Okie, 1985, 14).

Ebenso kritisch stand Hume dem Konzept des Gesellschaftsvertrags gegenüber, das von Denkern wie Thomas Hobbes und John Locke propagiert wurde. Er hielt diese Theorien für spekulativ, da sie von einem ursprünglichen Vertrag oder einer Vereinbarung ausgingen, die angeblich in einer mythischen vorgesellschaftlichen Vergangenheit stattfand – ein Ereignis, für das Hume keine historischen Beweise oder praktische Grundlagen sah. Hume zufolge entsprach die Vorstellung, dass die Gesellschaft aus einer kollektiven Übereinkunft zur Einrichtung einer Regierung entstanden sei, nicht den empirischen Beobachtungen, wie sich Gesellschaften entwickeln und ihre Ordnung aufrechterhalten.

Indem er die Geschichte als Grund für eine empirische Überprüfung behandelte, wies Hume die Analyse von Hobbes zurück. Erstens erweist sich der vorgemeinschaftliche Naturzustand als unhistorisch und damit als unempirisch wie der Ansatz des göttlichen Befehls. Zweitens ist es unrichtig, dass sich Gemeinschaften oder Gesellschaften ohne Staat in einem ständigen internen Krieg befinden. Die nordamerikanischen Indianer beweisen, dass verschiedene nichtstaatliche Organisationsformen zum Frieden führen können (Sagar, 2018).

Hume wendet sich auch gegen andere Formen des Kontraktualismus, insbesondere gegen die Auffassung von Locke. In der Praxis sind viele Regeln in Gemeinschaften und Gesetze in einem Staat gültig und legitim, auch wenn die Menschen ihnen nicht explizit oder implizit zustimmen. Dies gilt nicht nur für den Staat, sondern auch für einfache Organisationen wie die Familie: Es ist unmöglich, allen Regeln zuzustimmen. Deshalb befolgen die Menschen nicht nur das, was sie akzeptieren. Außerdem lassen sich Legitimität und explizite oder implizite Zustimmung nicht so zusammenbringen, wie Locke es tut. Wenn es sie gibt, kann das Locke'sche Recht auf Rebellion nicht davon abhängen, dass die Person gegen Regeln rebelliert, die sie nicht akzeptiert. Humes Ablehnung ist auf sein Verständnis von Regeln und Gesetzen als soziale Praxis zurückzuführen. Er glaubte nicht, dass Menschen zusammenkamen und bewusst Regeln aufstellten.

Stattdessen schlug Hume vor, dass sich Regierung und Gesetze organisch aus der menschlichen Interaktion und der allmählichen Anhäufung sozialer Bräuche entwickeln. Diese Entwicklung ist nicht das Ergebnis eines absichtlichen Vertrags, sondern eine natürliche Folge des Zusammenlebens der Menschen und der Notwendigkeit, alltägliche Probleme zu lösen. Humes Kritik erstreckte sich auch auf die normativen Implikationen der Vertragstheorien; er bestritt, dass politische Verpflichtungen allein aus einem so ungewissen historischen Ereignis abgeleitet werden könnten (Whelan 1994).

Hume und die „Handelsgesellschaft"

Die Klärung von Humes Hintergrund bei der Entwicklung seiner politischen Geschichte und politischen Theorie ist hilfreich. Wie viele andere seiner Zeit erlebte er die institutionelle Umwandlung des Staates in eine Handelsgesellschaft (Berry, 2013, 101–146).

Für ihn ist die Handelsgesellschaft durch den Austausch von Waren und Dienstleistungen gekennzeichnet, wobei Handel und wirtschaftliche Interaktionen für ihre Organisation und ihr Funktionieren von zentraler Bedeutung sind. In einer solchen Gesellschaft ist die grundlegende Aktivität der Austausch von Gütern und Dienstleistungen zwischen Individuen, der durch Konventionen und Regeln geregelt wird, die sich organisch aus diesen Interaktionen ergeben. Hume identifiziert Eigentum, Märkte und Geld (oft als Versprechen bezeichnet) als die grundlegenden Konventionen, die den Handel und die wirtschaftlichen Transaktionen erleichtern. Diese Konventionen sind nicht angeboren, sondern entwickeln sich, wenn Menschen Handel treiben, und sie entwickeln sich weiter, wenn die Gesellschaft komplexer wird (Boyd, 2008).

Die Regeln und Konventionen einer Handelsgesellschaft ergeben sich aus der Notwendigkeit, die Komplexität wirtschaftlicher Interaktionen zu organisieren und zu verwalten, um sicherzustellen, dass Verträge erfüllt, Schulden beglichen und Streitigkeiten beigelegt werden. Hume ist der Ansicht, dass sich die soziale Ordnung in einer Handelsgesellschaft auf natürliche Weise durch menschliche Interaktionen und nicht durch bewusste Gestaltung ergibt, da die Individuen ihr Eigeninteresse innerhalb eines Rahmens etablierter Konventionen verfolgen.

Wenn eine kommerzielle Gesellschaft wächst und komplexer wird, werden Mechanismen benötigt, um diese Komplexität zu bewältigen. Hume argumentiert, dass der Staat oder die Regierung diese Funktion erfüllen, indem sie für Organisation sorgen und die Transaktionskosten senken. Er verweist auch auf die Vorteile einer Handelsgesellschaft, wie z. B. ein größeres Angebot und eine größere Vielfalt an Gütern, Preisdifferenzierung, Innovation und individuelle Möglichkeiten. Die Rolle des Staates bei der Verwaltung der Komplexität verstärkt diese positiven externen Effekte und Netzwerkeffekte.

Humes funktionalistische Theorie des Staates

Hume entwickelte keine spezifische oder separate Theorie des Staates. Stattdessen hatte er eine Theorie der menschlichen Interaktion. Finlay (2004) nennt sie eine Theorie der Zivilgesellschaft. In Humes Analyse war die zeitgenössische Gesellschaft – seine zeitgenössische Gesellschaft –

kommerziell, d. h. gekennzeichnet durch Akteure, die Waren und Dienstleistungen austauschen. Eine solche Gesellschaft hat, wie jede andere auch, Regeln oder, in Humes Sprache, Konventionen. Diese Regeln ergeben sich aus der Organisationsform der Gesellschaft. Im Kap. 3 der *Abhandlung über die menschliche Natur* argumentiert Hume für drei grundlegende Regeln, die sich aus einer solchen Handelsgesellschaft ergeben: Eigentum, Märkte und Geld (das er Versprechen nennt und von Wennerlind (2002) als Geld interpretiert wird). Er bezeichnet diese Konventionen als Sekundärtugenden. Sekundär bedeutet, dass sie nicht in der menschlichen Natur liegen, sondern sich im Laufe der menschlichen Entwicklung herausbilden.

Die Regeln oder Konventionen der Gesellschaft entstehen von unten nach oben aus dem Bedürfnis der Gesellschaft selbst, sich zu organisieren. Hume sieht die meisten sozialen Regeln als eine entstehende Ordnung. Seiner Ansicht nach werden Gesellschaften in der Regel nicht von einer zentralen Behörde entworfen oder geplant, sondern entwickeln sich im Laufe der Zeit auf natürliche Weise durch die Interaktionen und das Verhalten der Einzelnen. Wenn Menschen Handel treiben, Waren und Dienstleistungen austauschen und ihre eigenen Interessen verfolgen, entwickeln sich allmählich Verhaltensmuster und soziale Normen. Diese Muster und Normen können zu einer Ordnung in der Gesellschaft führen, auch wenn sie ohne bewusste Planung entsteht (Hume 2007 [1739, 1740]).

Für Hume ist eine kommerzielle Gesellschaft zwangsläufig mit Herausforderungen verbunden. Zum einen glaubt er nicht, dass die Anreize für die Menschen, ihre Versprechen einzuhalten, überhaupt wichtig sind. Eine Handelsgesellschaft braucht also Konventionen, damit die Menschen ihre Verträge erfüllen und ihre Schulden bezahlen. Hume glaubt auch, dass es viele Konfliktfälle gibt, in denen die beteiligten Parteien ihre Differenzen nicht beilegen können. Für diese Fälle braucht die Handelsgesellschaft ein Streitbeilegungssystem. Daher entwickelt die Handelsgesellschaft zusätzlich zu den oben genannten Konventionen auch Verfahrenskonventionen, die einen Konflikt mildern (Hume, 2007 [1739, 1740]).

Nach Humes Auffassung kann die Handelsgesellschaft so komplex werden, dass eine neue Funktion als ständige Organisation über einer Verfahrenskonvention ins Leben gerufen wird. Die Handelsgesellschaft entwickelte die Organisation des Magistrats, um das Verfahren (die Konvention) zur Beilegung von Streitigkeiten durchzuführen. Aus dieser Organisation ging die Regierung hervor, die ein skalierbares kollektives Handeln ermöglichte (Hume, 2007 [1739, 1740]). Mit anderen Worten: Das Wachstum einer Gesellschaft, ihre wirtschaftliche Entwicklung und der Wettbewerb innerhalb der Gesellschaft, z. B. zwischen den Gruppen, erleichtern die Bildung einer Regierung (Wennerlind, 2002).

Eine wachsende Gesellschaft ist für ihre Mitglieder von Vorteil. Huma bezog sich auf die positiven externen Effekte oder Netzwerkeffekte einer Handelsgesellschaft, ohne diese Begriffe zu verwenden. Positive externe Effekte entstehen, wenn Dritte, nicht nur die Parteien einer Transaktion, von der Transaktion profitieren. Ein Netzwerkeffekt liegt vor, wenn der Beitritt neuer Nutzer zu einem Netzwerk dazu führt, dass andere Nutzer desselben Netzwerks bessergestellt werden. Hume verwies auf die Zunahme des Angebots und der Vielfalt von Gütern in einer Handelsgesellschaft, die Möglichkeiten der Preisdifferenzierung, der Innovation und die größere Anzahl von Möglichkeiten für den einzelnen Akteur (Wennerlind, 2002).

Andererseits kann die Steuerung einer großen Gesellschaft oder eines Netzwerks anspruchsvoll sein. Mögliche Fallstricke und Transaktionskosten sind in einem solchen Netz von Interaktionen erheblich. Eine Möglichkeit zur Vermeidung von Fallstricken und zur Senkung der Transaktionskosten ist die Steuerung dieser Komplexität durch Organisationen und Prozesse, also durch den Staat. Mit ihm können die Größenordnung, die positiven externen Effekte und die Netzwerkeffekte genutzt werden, während ihre Kosten minimiert werden. Auf diese Weise steigt die Rentabilität der Komplexität.

Für Hume ist der Prozess der Entwicklung einer Gesellschaft nicht natürlich, aber sein Weg und seine Ergebnisse sind nicht vorherbestimmt. Der Staat, wie wir ihn kennen, ist ein kontingentes Ergebnis der Handelsgesellschaft. Er ist eine Möglichkeit, Komplexität zu managen und gleichzeitig die Transaktionskosten zu minimieren. Er ist weder ein natürliches Element noch eine notwendige Voraussetzung. Er ist lediglich nützlich, weil er eine Funktion erfüllt. Daher auch seine funktionalistische Theorie des Staates.

Da der Staat aus den Bedürfnissen der Gesellschaft hervorgeht und die Funktion erfüllt, diese Gesellschaft zu organisieren und ihren Mitgliedern Nutzen zu bringen, ist nach dieser Auffassung nicht viel mehr Zustimmung erforderlich. Im Gegenteil: Die Mitglieder der Gesellschaft sollten dem Staat folgen, weil dies ihnen und allen anderen zugutekommt. Als Organisator von Netzwerkeffekten entfaltet der Staat solche Effekte. Je mehr Menschen seine Gesetze befolgen, desto besser geht es allen Menschen. Es gibt zwar einen klaren Appell an das Eigeninteresse, aber auch einen normativen Appell, dem Staat zu folgen. Der eigennützige Akteur tut dies zum eigenen Vorteil, aber die moralische Verpflichtung ergibt sich aus der Befolgung der Gesetze, die allen anderen zugutekommen (Hardin, 2009; Harris, 2010).

Dieses System erlegt der Regierung und dem Staat jedoch zwei Grenzen auf. Die erste bezieht sich auf die Gesetze. Sollten die Gesetze des Staates die Entfaltung der Wirtschaftsgesellschaft behindern oder die Menschen benachteiligen, würden die Menschen aufhören, sie zu befolgen. Wenn der Staat seine Funktion nicht erfüllt, wird er zu einer veralteten Organisation und verliert an Anhängern. Dies ist jedoch keine Aussage über die Legitimität. Da jedoch einige Regeln von den Menschen nicht mehr befolgt werden, folgen sie dem Staat nicht mehr, wenn sie ihn als veraltet oder nachteilig empfinden, sodass seine Gesetze als nicht hilfreich angesehen werden. Dieselbe soziale Konvention, die den Staat hervorbringt, kann ihn auch wieder abschaffen.

Die zweite Grenze ergibt sich aus den positiven Erträgen der Komplexität. Der Staat ist nützlich, weil er es komplexen Gesellschaften ermöglicht, die Komplexität zu bewältigen, indem er die Transaktionskosten senkt. Wenn der Staat zu komplex wird, wird sein positiver Nutzen negativ. Der Grund dafür ist, dass es ein abnehmendes Grenzprodukt der Komplexität gibt. Sollte er sich als zu komplex erweisen, ist dieses Produkt gleich Null oder wird negativ. Wenn der Staat zu diesem Null- oder Negativprodukt beiträgt, schafft er Skalen-Disutilität und verliert damit seinen sozialen Klebstoff (Hardin, 2009).

Natürlich hat Hume diese Anzeichen für die Zersetzung des Staates nicht mit diesen Worten erklärt, die eindeutig sozialwissenschaftlich begründet sind. Dennoch stellen sie eine gutgläubige analytische Systematisierung von Humes Gedanken dar. In einer für seine Zeit wichtigen Frage räumte Hume sogar das Recht auf Revolution ein, falls eine dieser Grenzen des Staates durch den Staat verletzt würde – obwohl er persönlich eine Revolution ablehnte (Sabl, 2002).

Funktionalismus

Humes Konzeption des Staates hat mehrere Stärken. Erstens sieht er den Staat als eine emergente Ordnung, die ihm eine Grundlage für das Handeln der Menschen gibt. Als Ergebnis des menschlichen Handelns ist der Staat nicht notwendig, sondern nur eine Zufälligkeit. Daraus folgt, dass der Staat nicht über den Menschen steht, sondern nur eine menschliche Institution ist, wie jede andere auch. Zweitens: Wenn man den Staat als Ergebnis menschlicher Konventionen begreift, werden die Gesetze des Staates mit den Konventionen oder Regeln in Einklang gebracht, die die Menschen bereits teilen und die sie befolgen. Hume behauptet auch, dass diese Angleichung über Gewohnheit und Konvention hinausgeht und das Naturrecht mit einschließt. Drittens verzichtet Humes Staatstheorie auf Spekulationen über göttliche Befehle oder den natürlichen Zustand der Menschen. Sie lässt ausdrücklich auch nichtstaatliche Naturzustände zu. Ohne Spekulationen erweist sich Humes Theorie als durch empirische Tests falsifizierbar, was ein Kennzeichen einer guten Theorie ist.

Viertens verbindet Hume den Staat mit seiner Funktion, insbesondere mit den Aufgaben, die er in einer kommerziellen Gesellschaft zu erfüllen hat. Die funktionalistische Sicht des Staates sieht die Regierung als Organisation und ihre Gesetze als Dienstleister für die kommerzielle Gesellschaft. Er existiert in Funktion dieser Gesellschaft und hat keine andere Aufgabe, als die Transaktionskosten dieser Gesellschaft zu senken. Fünftens räumt sie auch ein, dass jedes von der Regierung erlassene Gesetz nur dann gültig ist, wenn es der kommerziellen Gesellschaft dient, oder, in einer weniger radikalen Lesart, von der Gesellschaft missachtet wird und seine normative Kraft verliert. Schließlich ist eine funktionalistische Theorie darauf bedacht, keine Machtpositionen einzurichten und alle Mitglieder der betreffenden Gesellschaft als gleichberechtigt zu behandeln.

Es gibt jedoch viele Einwände und Schwächen in Humes Theorie. Die Einwände können von außen kommen, d. h. sie halten Humes Konzeption für falsch. Ein Einwand ist zum Beispiel, dass die meisten demokratischen Staaten vertraglich geregelt sind. Andernfalls bräuchten sie keine Verfassung, deren Theorie auf dem Gesellschaftsvertrag beruht, und würden keine kontinuierlichen Abstimmungen durchführen, d. h.

ihre Bürger würden ihre Legitimität bestätigen. Ein weiterer Einwand ist, dass es Machtstrukturen außerhalb der Regierung gibt. Viele Gesellschaften, z. B. Stämme und Verbände, kennen Unterwerfungsverhältnisse. Wenn ein Staat aus einer Gesellschaft hervorgeht, werden Staaten, die aus diesen Gesellschaftsformen hervorgehen, diese Praktiken nachahmen und kodifizieren. Wenn dies der Fall ist, gibt es jedoch keine Möglichkeit, den Staat durch eine Änderung der sozialen Praxis zu verändern, da die soziale Praxis an die Unterwerfungsbeziehungen gebunden ist. Nicht einmal eine Handelsgesellschaft ist frei von Machtstrukturen. Wenn diese Gesellschaft eine Regierung bildet, werden diese Strukturen in dieser Regierung zementiert.

Ebenso interessant wie die Einwände, die von außen geäußert werden, sind die Schwächen, d. h. die Teile der Humeschen Theorie, die inkonsistent erscheinen oder logischen Fehlern zum Opfer fallen. Die größte Schwierigkeit besteht in der Vermischung von positiver und normativer Theorie. Einerseits ist die positive funktionalistische Theorie darüber, wie der Staat aus der gesellschaftlichen Praxis hervorgeht, beobachtbar und falsifizierbar. Andererseits folgt Humes Behauptung, dass die Menschen dem Staat folgen sollten, nicht der positiven Theorie. Nicht jede Ordnung, die spontan entsteht, hat normative Legitimität. Auch wird nicht jede Ordnung, die sich aus sozialer Interaktion ergibt, von den einzelnen Akteuren geteilt, selbst wenn sie an dieser Ordnung teilhaben. Man könnte argumentieren, dass Hume einen zweifachen Fehler begeht. Erstens leitet er eine normative Aussage aus einer faktischen Aussage ab. Außerdem versäumt er es, innerhalb der normativen Aussage zwischen der Ebene der Gesellschaft und der Ebene des einzelnen Akteurs zu unterscheiden.

Dieser zweite Fehler taucht immer wieder in seiner Theorie des Staates auf. So behauptet er beispielsweise, dass es im Eigeninteresse des Einzelnen liegt, gesellschaftliche Konventionen und Gesetze zu befolgen. Diese Behauptung wirft die Frage auf. Schließlich räumt Hume ein, dass die Handelsgesellschaft Anreize für den Einzelnen braucht, um die Sekundärtugenden zu befolgen, denn wenn man sie sich selbst überlässt, würde nicht jeder seine Schulden bezahlen. Wenn dies der Fall ist, liegt es auf der Hand, dass es Fälle gibt, in denen das Eigeninteresse mit der Einhaltung von Konventionen in Konflikt steht. Es gibt also Fälle, in denen die Befolgung des Gesetzes für den Einzelnen nicht von Vorteil ist. Hume behauptet auch, dass die Befolgung des Gesetzes durch den Einzelnen allen anderen zugutekommt. Auch er geht davon aus, dass alle Akteure die gleichen Beweggründe, Ziele und Präferenzen haben. Diese Abstraktion von einzelnen Akteuren muss besser erklärt werden. Letztlich wird diese Behauptung scheitern, zumindest in ihrer Absolutheit.

Die Architektur von Humes Staaten stellt eine zusätzliche Herausforderung dar. Er vertritt die Auffassung, dass der Staat aus der Notwendigkeit heraus geschaffen wurde, dass die Handelsgesellschaft Streitigkeiten löst. Die Akteure der Handelsgesellschaft befinden sich jedoch häufig in Streitigkeiten mit dem Staat. Der Staat ist also mit sich selbst im Zwiespalt. Wenn seine Aufgabe darin bestünde, die Handelsgesellschaft zu erleichtern, könnte er niemals in einen Streit mit ihr verwickelt sein. Ist er es aber doch, würde er folgerichtig zugunsten der Handelsgesellschaft und gegen sich selbst entscheiden. Humes Empirie zeigt, dass der Staat Streitigkeiten zu seinen Gunsten entscheidet.

Außerdem scheint Hume zu wissen, was steigende und sinkende Erträge sind. Der Staat erhöht die Rendite der Komplexität, wenn er die Transaktionskosten senkt. Er senkt die Erträge, wenn er mehr Transaktionskosten verursacht. Die Auswirkung des Staates auf die Komplexität wird in der Gleichung jedoch nicht berücksichtigt. Stattdessen legen abnehmende Grenzerträge nahe, dass selbst wenn der Staat die Komplexität senkt, die Komplexität umso geringer wird, je mehr der Staat eingreift. Der Punkt, an dem staatliches Handeln übermächtig wird, ist viel früher erreicht als Humes Vorbehalt. Da der Staat über Instrumente wie Armeen, Polizei und Justiz verfügt, kann der Einzelne auch nicht auf soziale Praktiken verzichten, wie Hume vorschlägt. Mit anderen Worten: Die von Hume gesetzten Grenzen des Staates erweisen sich – wenn überhaupt – als viel weniger wirksam, als er sie betrachtet.

Als letzte Schwäche erkennt Hume selbst an, dass Staaten nicht nur Handelsgesellschaften widerspiegeln; schließlich entstand die Stadt aus einem Militärlager, wie Hume selbst zugibt (Ross, 2008). Den Staat allein an die Handelsgesellschaft zu binden, ist ein Abstraktionsfehler. Selbst wenn der Staat als spontane Ordnung entstanden ist, hat er sich nicht nur aus einem Charakterzug – dem Handel – entwickelt, sondern aus mehreren, darunter auch aus den Instrumenten der Gewalt. Daraus folgt, dass kein Staat aus gewaltsamen Komponenten abgeleitet wird.

Schlussfolgerung

David Humes funktionalistische Theorie des Staates bietet eine pragmatische Alternative zu den normativen und oft spekulativen Theorien seiner Zeit. Indem er die Legitimität des Staates auf seinen praktischen Nutzen und nicht auf göttliches Recht oder einen idealisierten Gesellschaftsvertrag gründet, bietet Hume einen Rahmen für das Verständnis des Staates, der in den beobachtbaren Realitäten menschlicher sozialer und wirtschaftlicher Interaktion wurzelt. Dieser Ansatz stellte nicht nur eine bedeutende Abkehr von den philosophischen Normen des 18. Jahrhunderts dar, sondern beeinflusst auch weiterhin das zeitgenössische politische Denken.

Humes Analyse zeigt einen Staat, der sich auf natürliche Weise aus menschlicher Notwendigkeit und nicht durch göttliche Anordnung oder menschlichen Entwurf entwickelt. Seine Skepsis gegenüber absoluter oder göttlich sanktionierter Autorität stellte die grundlegenden Annahmen politischer Legitimität und Regierungsführung in Frage. Indem er darauf bestand, dass die Legitimität des Staates von seiner Fähigkeit abhängt, Komplexität zu bewältigen und das Wohlergehen seiner Bürger wirksam zu fördern, nahm Hume moderne Diskussionen über die Rolle und den Umfang der Regierung in liberalen Demokratien vorweg.

Darüber hinaus bieten Humes Einsichten in die entstehenden Eigenschaften sozialer Ordnungen wertvolle Lehren für die zeitgenössische politische Theorie. Seine Betonung der praktischen Ursprünge politischer Institutionen legt nahe, dass die Effektivität eines Staates daran gemessen werden sollte, wie gut er auf die Bedürfnisse seiner Gesellschaft eingeht, wie gut er sich an veränderte Umstände anpassen kann und wie gut er in der Lage ist, die soziale Ordnung aufrechtzuerhalten und den wirtschaftlichen Wohlstand zu fördern. Diese Kriterien sind nach wie vor relevant, da moderne Staaten die Komplexität der Globalisierung, des technologischen Wandels und der vielfältigen multikulturellen Bevölkerungsgruppen bewältigen müssen.

Im zeitgenössischen Kontext fordert uns Humes Skepsis gegenüber den rationalistischen Grundlagen der politischen Ordnung dazu auf, die Grundlage unserer politischen Verpflichtungen zu überdenken. Seine Perspektive ermutigt zu einer kritischen Untersuchung der Grundsätze und Werte, die unseren politischen Institutionen zugrunde liegen, und fordert einen pragmatischen Ansatz zur Bewertung ihrer Wirksamkeit. Dies ist besonders wichtig in einer Zeit, in der politische Ideologien Gesellschaften oft polarisieren und zu Stillstand und Ineffizienz führen.

Darüber hinaus befasst sich Humes Theorie mit den Grenzen des Staates und erkennt an, dass mit zunehmender Komplexität der Gesellschaft auch die Gefahr der Überforderung und Ineffizienz der Verwaltung steigt. Diese Einsicht ist im heutigen politischen Umfeld, in dem Debatten über die Größe und Rolle des Staates im Mittelpunkt der politischen Diskussionen stehen, von entscheidender Bedeutung. Humes Erkenntnis, dass sich Komplexität immer weniger lohnt, fordert die politischen Entscheidungsträger dazu auf, über schlankere, dezentralisierte Governance-Ansätze nachzudenken, die den komplexen Gegebenheiten moderner Gesellschaften besser gerecht werden können.

Zusammenfassend lässt sich sagen, dass David Humes funktionalistische Staatstheorie mit ihrer soliden empirischen Grundlage und ihrem Schwerpunkt auf den praktischen Aspekten des Regierens weiterhin einen überzeugenden Rahmen für das Verständnis und die Bewertung politischer Institutionen bietet. Sie erinnert uns daran, wie wichtig es ist, die politische Theorie in der Realität des menschlichen Verhaltens und der gesellschaftlichen Bedürfnisse zu verankern, und bietet eine kritische Linse, durch die wir die Effektivität und Legitimität von Regierungsstrukturen bewerten können. Bei der Bewältigung der Herausforderungen des 21. Jahrhunderts bleibt Humes pragmatischer und skeptischer Ansatz in Bezug auf politische Autorität so relevant wie eh und je und bietet Einsichten, die dazu beitragen können, reaktionsfähigere, effektivere und gerechtere Regierungen zu fördern.

Literatur

Berry, C. J. (2013). The idea of Commercial Society in the Scottish Enlightenment. Edinburgh University Press.

Boyd, R. (2008). Manieren und Moral: David Hume on Civility, Commerce, and the Social Construction of Difference. David Hume's Political Economy, S. 65–85.

Finlay, C. J. (2004). Humes Theorie der Zivilgesellschaft. Europäische Zeitschrift für politische Theorie, 3(4), 369–391.

Hardin, R. (2009). David Hume: Moral and Political Theorist. Oxford University Press

Harris, J. A. (2010). Hume über die moralische Verpflichtung zur Gerechtigkeit. Hume Studies, 36(1), 25–50.

Hume, D. (2007 [1739, 1740]). Eine Abhandlung über die menschliche Natur. Clarendon Press.

Milton, P. (1982). David Hume und die Konzeption des Naturrechts im achtzehnten Jahrhundert. Legal Studies, 2(1), 14–33.

Okie, L. (1985). Ideologie und Parteilichkeit in David Humes Geschichte von England. Hume Studies, 11(1), 1–32.

Ross, I. S. (2008). Die Entstehung von David Hume als politischer Ökonom: eine biographische Skizze. David Hume's Political Economy, S. 31–48.

Sabl, A. (2002). Wenn schlechte Dinge von geeigneten Menschen kommen (und umgekehrt): Humes politische Ethik der Revolution. Polity, 35(1), 73–92.

Sagar, P. (2018). The Opinion of Mankind: Sociability and the State Theory from Hobbes to Smith. Princeton University Press.

Wennerlind, C. (2002). Die politische Philosophie von David Hume: Eine Theorie der kommerziellen Modernisierung. Hume Studies, 28(2), 247–270.

Whelan, F. G. (1994). Hume und der Kontraktualismus. Polity, 27(2), 201–224.